HEYNE
BÜCHER

Christina Zacker

Frauen-Arbeitsrecht

Die besondere Stellung der Frau als Arbeitnehmerin

Unter Mitarbeit von Dr. Stephan Baedeker

Originalausgabe

WILHELM HEYNE VERLAG
MÜNCHEN

HEYNE RATGEBER
08/9816

Printed in Germany 1995
Umschlaggestaltung: Atelier Adolf Bachmann, Reischach
Umschlagillustration: Bildagentur Mauritius/Manning, Mittenwald
Satz: Kort Satz GmbH, München
Druck und Bindung: Presse Druck, Augsburg

ISBN 3-453-08190-0

Inhalt

Kapitel 8: Zwei heikle Themen:
Sexuelle Belästigung am Arbeitsplatz und Mobbing

Kapitel 9:
Rückkehr in den Beruf

Kapitel 10:
An wen können Sie sich wenden?

Anhang

Abkürzungen

ABM	Arbeitsbeschaffungsmaßnahmen
AFG	Ausbildungsförderungsgesetz
AZO	Arbeitszeitordnung
BA	Bundesanstalt für Arbeit
BAföG	Bundesausbildungsförderungsgesetz
BEK	Barmer Ersatzkasse
BGB	Bürgerliches Gesetzbuch
BMfBuW	Bundesministerium für Bildung und Wissenschaft
BMfAuS	Bundesministerium für Arbeit und Sozialordnung
BMfFuJ	Bundesministerium für Frauen und Jugend
BMfFuS	Bundesministerium für Familie und Senioren
DAG	Deutsche Angestelltengewerkschaft
IAP	Institut für Arbeitspsychologie und Arbeitspädagogik

Vorwort

»Was willst du ins Gymnasium, du heiratest doch sowieso!«

Wenn Sie eine Frau sind – ganz gleich, welchen Alters –, dann kommt Ihnen dieser Satz sicher bekannt vor. Und er stammt nicht etwa aus dem vorigen Jahrhundert, sondern ist manchmal leider sogar heute noch zu hören. Obwohl sich die Zeiten doch wahrlich geändert haben!

Mutter und Vater sind die ersten, die ein Kind entscheidend prägen. Sie sind dafür verantwortlich, daß ein Kind lernt, partnerschaftlich zu denken und zu handeln, daß es mit Verständnis für die Umwelt aufwächst und sich in die Gesellschaft einfügen kann. Das geschieht selbstverständlich zu Hause, in der Familie. Übrigens auch dann, wenn die Familie nur aus einem Vater oder einer Mutter und dem (oder den) Kind(ern) besteht.

Die Eltern sind auch als erste gefragt, wenn es um die Ausbildung geht, wenn die Grundlagen für gleiche Chancen später im Berufsleben gelegt werden. Sie müssen dafür sorgen,

- daß ein Kind nach seinen Begabungen und Neigungen ausgebildet wird;
- daß es bei der Ausbildung keinerlei Rolle spielt, ob jemand Junge oder Mädchen ist.

Formal und gesetzlich ist die Gleichstellung von Mann und Frau selbstverständlich geregelt. Doch die Praxis sieht leider anders aus. Zwar sollte von Anfang an, also schon in Kindergarten und Schule,

Chancengleichheit herrschen. Ob ein Mädchen Werkunterricht oder Handarbeit hat, ob ein Junge sticken und stricken oder hämmern und sägen lernt, darf sich nicht nach dem Geschlecht, sondern nach den Fähigkeiten entscheiden.

»Das ist ja alles ganz gut und schön«, werden Sie jetzt sagen. Wenn Sie jedoch an Ihre eigene Schulzeit denken, werden Sie sich erinnern, daß durchaus noch zwischen »männlichen« und »weiblichen« Tätigkeiten und Fertigkeiten unterschieden wurde. Selbst heute ist es eine Tatsache: noch immer werden im Kindergarten, beim Spielzeug, in der Schule, in vielen Lehrbüchern überholte Rollenbilder von Frauen und Männern vermittelt. Dagegen sollten Sie sich – vor allem, wenn Ihre eigenen Kinder betroffen sind – auf jeden Fall wehren.

Es gilt nämlich ganz allgemein: Mädchen wie Jungen haben Zugang zu allen Schulen und können dieselbe Bildung erhalten. Eine gute Ausbildung – schon in der Schule, erst recht später zum Beruf – ist das A und O, um später im Leben bestehen zu können. Selbst wenn das Lebensziel »Hausfrau und Mutter« heißt, ist dies kein Grund, eine gute Schul- und Berufsausbildung zu vernachlässigen: denn immer mehr Menschen üben nicht mehr – wie früher – das ganze Leben hindurch ein und denselben Beruf aus. Dazu ist unsere Gesellschaft zu schnellebig, zu wandelbar, zu mobil geworden.

Die Scheidungsraten sprechen ebenfalls eine allzu deutliche Sprache: Keine Frau kann sich darauf »verlassen«, immer nur Hausfrau und Mutter zu sein und von einem Mann »versorgt« zu werden. Glücklicherweise, meinen wir. Denn die sozialen Abhängigkeiten, in die Frauen sich in früheren Jahren und Jahrhunderten wegen mangelnder oder nicht vorhandener Ausbildungsmöglichkeiten begeben mußten, sind endgültig vorbei.

Für die meisten Frauen ist es heute eine Selbstverständlichkeit, ein Leben lang zu arbeiten. Selbst wenn ein oder mehrere Kinder da sind, muß man den Beruf nicht unbedingt aufgeben (in Kapitel 5 finden Sie dazu noch viel mehr Informationen). Viele Frauen können ihren Beruf auch nicht einfach aufgeben: sie sind auf die Einkünfte, also auf Lohn oder Gehalt angewiesen, um sich und ihre Familie zu ernähren und einen bestimmten Lebensstandard zu erhalten.

Nach den Buchstaben des Gesetzes sind Frauen und Männer zwar gleichgestellt. Die Hälfte aller Abiturienten sind zwar heute Frauen; immerhin mehr als 40 Prozent unserer Studenten sind weiblich. Und nach der Anzahl der Bewerberinnen und nach deren Notendurchschnitt müßten die Frauen in vielen Ausbildungsbereichen die 50-Prozent-Marke längst überschritten haben. Erst recht natürlich dann im »wirklichen« Berufsleben. Doch die Realität in der Arbeitswelt sieht ganz anders aus – und läßt sich durch Zahlen belegen:

- Im gehobenen Management der Wirtschaft liegt der Frauenanteil bei nicht einmal 6 Prozent.
- Arbeiterinnen bekommen – in vergleichbaren Leistungsgruppen – nur etwa 70 Prozent des Lohns eines männlichen Arbeiters. Eine kaufmännische Angestellte erhält durchschnittlich 1400 Mark weniger Gehalt als ein angestellter Mann.
- Mehr als ein Drittel der arbeitenden Frauen hat nur eine Teilzeit-Arbeitsstelle – das heißt einen Verdienst unter 1000 Mark. Bei den Männern sind es nur etwa 10 Prozent, die in diesem Lohnbereich von etwa 1000 Mark liegen.
- In der Arbeitslosenstatistik sieht es ähnlich aus: 1993 waren in den alten Bundesländern 8,4 Prozent der berufstätigen Frauen ohne Arbeitsstelle, in den neuen Bundesländern sogar 21 Prozent.

Aus all diesen Zahlen, aus täglich erlebten Beispielen am Arbeitsplatz wird eines ganz klar: nämlich daß Frauen im Berufsleben immer noch eine untergeordnete Rolle spielen und benachteiligt sind – trotz gleichrangiger Schulbildung und oft mit besseren Zeugnissen.

Das Arbeitsrecht ist in der Bundesrepublik nicht allgemein gültig in einem einzigen Gesetzeswerk niedergelegt. Es gibt vielfältige Vorschriften und Gesetze, Tarifverträge, Arbeitnehmer- und Arbeitgeberpflichten, die für den einzelnen kaum zu durchschauen sind.

In diesem Buch sind möglichst viele Informationen für Frauen im Arbeitsleben zusammengefaßt. Gesetzliche Vorschriften sind genauso enthalten wie Tips und Ratschläge für das Berufsleben, für die private Absicherung sowie Fort- und Weiterbildung. Ein umfangreicher Adressenteil im Kapitel 10 gibt Ihnen, liebe Leserin, die Möglichkeit, selbst weitere Informationen einzuholen. Und im Literaturverzeichnis finden Sie noch weitere Bücher und Schriftenreihen, die Ihnen weiterhelfen können.

Noch ein Hinweis: *Die Autorin* hat darauf verzichtet, allgemein gültige Begriffe und Bezeichnungen immer und grundsätzlich in der weiblichen Form zu verwenden, sondern hält sich vielmehr an den üblichen Sprachgebrauch. Dieses Buch wendet sich an Frauen im Berufsleben. Es ist der *Autorin* und sicher auch allen Leserinnen klar, daß damit keine männlichen Arbeitnehmer angesprochen werden sollen. Im »Volksmund« haben sich speziell weibliche Begriffe noch nicht überall eingebürgert bzw. erschienen der *Autorin* »krampfhaft emanzipiert«. Trotzdem ist dieses Buch ganz bestimmt nicht gegen Arbeitnehmerinnen geschrieben worden. Ganz im Gegenteil!

Kapitel 1: Endlich einen Job – oder einen Beruf?

Die Schulbildung stellt die Weichen für den Beruf

Vor der Berufsausbildung und dem Schritt ins Arbeitsleben steht selbstverständlich die Ausbildung. Es muß nicht immer gleich nach der Grundschule das Gymnasium sein. In vielen Berufen hat man nicht automatisch bessere Möglichkeiten, nur weil man sein Abitur gemacht und damit die Hochschulreife erlangt hat. Das Gymnasium ist nicht unbedingt eine Garantie für die besten Startchancen im Beruf. Wer eher handwerklich begabt ist, wird mit einem guten Haupt- oder Realschulabschluß mit anschließender Lehre besser vorankommen als mit einem schlechten Abiturzeugnis.

Ganz allgemein kann gelten: Wer eine gute Allgemeinbildung erwirbt, kann sich später um so eher spezielle Kenntnisse aneignen. In den allgemeinbildenden Schulen haben die Mädchen übrigens seit einiger Zeit »aufgeholt« und sogar einen Vorsprung erzielt:

- Sie erreichen öfter das Klassenziel und drehen deshalb weniger »Ehrenrunden«.
- Sie haben in vielen Fällen bessere Zeugnisse als die männlichen Mitschüler.

Mädchen entscheiden sich – das zeigen die Statistiken – eher für fremdsprachliche und geisteswissenschaftliche Fächer. Die Naturwissenschaften bleiben eher den Jungen vorbehalten. Ausnahmen bestätigen natürlich die Regel; es ist jedoch nachweisbar, daß Mädchen seltener Chemie, Mathematik oder Physik wählen. Gerade deshalb ist es jedoch wichtig, daß Neigungen und Begabungen in jeder Richtung unterstützt werden. Das Fach »Arbeitslehre«, das es nicht nur an allen Hauptschulen, sondern auch in anderen Schularten gibt (z. T. unter anderem Namen), zeigt den Schülern berufliche Möglichkeiten auf. Betriebsbesuche und Betriebspraktika geben Einblicke in alle möglichen Berufe – nicht ausschließlich in die »frauenspezifischen«.

Leider verhalten sich viele Mädchen immer noch traditionell, wenn es um die Berufswahl geht. Obwohl mehr als 350 Ausbildungsberufe uneingeschränkt offen stehen, entscheiden sich die meisten Schulabgängerinnen für insgesamt nur 25 Berufe – und davon sind die folgenden sieben die »Spitzenreiter«:

- Friseuse
- Kauffrau im Einzelhandel
- Bürokauffrau
- Arzthelferin
- Industriekauffrau
- Fachverkäuferin im Nahrungsmittelhandwerk
- Zahnarzthelferin

Ungefähr 44 Prozent aller weiblichen Azubis werden bis heute noch in diesen sieben Berufen ausgebildet. (Quelle: BMfBuW)

Mädchen und jungen Frauen haben heute Zugang zu allen Ausbildungsberufen; es gibt keine Beschränkungen auf Grund des Geschlechts. Aber jede(r) weiß: Viele Berufe sind eine »Männerdomäne«. Zwar gibt es keine fachlichen Gründe, die Frauen von solchen Berufen ausschlössen; dennoch gibt es durchaus noch Berufszweige, in denen man so gut wie keine Frauen findet. Vor allem im technischen Bereich ist dies so. Deshalb gab es vom Bundesministerium für Bildung und Wissenschaft eine Kampagne, mit der Schülerinnen vor allem technische Berufe nahegebracht werden sollen. Die Gewerkschaften unterstützen dies.

Ein Modellprogramm hat bereits vor einigen Jahren überzeugend gezeigt, daß eine Ausbildung in 75 gewerblich-technischen Berufen (meist in der Metall- und Elektrobranche) auch für Mädchen, deren Eltern und sogar für die Ausbilder interessant sein kann. So wurde mit diesem Modell auch den größten Zweiflern bewiesen,

- daß es keinen Grund gibt, Mädchen und Frauen von »typischen Männerberufen« auszuschließen;
- daß eventuelle Lücken von der Schule her (gerade im praktischen und naturwissenschaftlichen Bereich) sehr schnell aufgeholt wurden;
- daß Mädchen während ihrer Ausbildung – gerade in »Männerberufen« – oft zielstrebiger und erfolgreicher als männliche Lehrlinge sind;
- daß auch die Ausbildungsbetriebe von den weiblichen Azubis angetan waren. Denn mehr als die Hälfte wurden als Facharbeiterinnen nach der Lehre in den Betrieb übernommen.

Eine Befragung nach dem Modellversuch ergab, daß die meisten jungen Frauen in ihrem Beruf als Frau keine Probleme haben. Mehr als 75 Prozent würden den Ausbildungsweg ein zweites Mal einschlagen.

Das allgemeine Interesse junger Frauen an Berufen im gewerblich-technischen Bereich hat in den letzten Jahrzehnten stark zugenommen: 1977 waren es nur 2,5 Prozent aller weiblichen Auszubildenden, die in diesen Berufen ausgebildet wurden; knapp 20 Jahre später sind es (Stand: 1991) weit mehr als 8 Prozent.

Ausbildungsförderung

Der Staat hilft Ihnen, wenn Sie eine gute Ausbildung erhalten wollen, aber die finanziellen Mittel aus dem Elternhaus nicht ausreichen. Im

Bundesausbildungsförderungsgesetz (kurz: BAföG) – für Schüler und Studenten – und im Ausbildungsförderungsgesetz (AFG) – für Auszubildende im Beruf – sind die rechtlichen Grundlagen für die individuelle Förderung der Ausbildung junger Menschen festgelegt.

Die Gelder von BAföG und AFG sollen sicherstellen, daß Ihre Bedürfnisse während der Ausbildung ohne größere Probleme sichergestellt sind. Lebensunterhalt und Ausbildungskosten sollen damit abgedeckt werden. Doch jeder, der seinen gesamten Lebensunterhalt von den staatlichen Zuschüssen bestreiten soll, weiß, daß die zur Verfügung gestellten Summen sehr gering sind – den Lebensunterhalt kann man damit nicht bestreiten. Eines jedoch gilt immer: Ganz gleich, ob Sie Auszubildende sind, ob Schülerin oder Studentin, ob Sie im Ausland studieren – die staatlichen Fördermittel sollten Sie sich nicht entgehen lassen. Wie hoch die derzeitigen BAföG- und AFG-Sätze sind, können Sie aus Broschüren der Bundesregierung erfahren, und zwar vom Bundesministerium für Bildung und Wissenschaft. Die Adresse finden Sie in Kapitel 10.

Es gibt außerdem Fördermittel für besonders begabte Studenten, auch für berufliche Fortbildung im Anschluß an eine Berufsausbildung oder im Falle einer Umschulung. Informieren Sie sich bitte auch in solchen Fällen direkt beim Bundesministerium oder den entsprechenden Stellen des örtlichen Arbeitsamts.

Wie findet man einen guten Ausbildungsplatz?

Noch vor wenigen Jahren war das schwierig, als die geburtenstarken Jahrgänge auf den Arbeitsmarkt drängten. Die Ausbildungsbetriebe konnten es sich leisten, aus einer großen Anzahl die Besten auszuwählen. So mancher Handwerksbetrieb wollte als Grundvoraussetzung für eine Lehrstelle wenigstens den Realschulabschluß, viele bevorzugten sogar Bewerber mit Abitur. Heute sieht die Situation anders aus: Auszubildende werden überall gesucht – und dies bedeutet bessere Chancen für Mädchen. Denn auch im technisch orientierten Bereich gibt es vermehrt freie Lehrstellen. Die männlichen Bewerber aus den geburtenschwachen Jahrgängen jedoch reichen bei weitem nicht aus, um alle Lehrstellenangebote zu besetzen.

In Kapitel 2 können Sie nachlesen, wie man sich richtig bewirbt, was man beim Vorstellungsgespräch beachten sollte. Das meiste gilt selbstverständlich auch für die Bewerbung um einen Ausbildungsplatz.

Einstellungstest

In vielen Unternehmen – vor allem den größeren, bei denen sich nach wie vor viele Bewerber um wenige Ausbildungsplätze bemühen – ist es üblich, einen Einstellungstest zu machen. Denn man weiß: Zeugnisse sagen oft wenig über die berufliche Eignung eines Bewerbers aus. Viele Tests finden Sie in entsprechenden Büchern oder Broschüren für Schulabgänger – damit können Sie sich schon mal vorbereiten. Deshalb lassen sich viele Firmen immer wieder neue Tests einfallen. Richtig »auf einen Test« lernen wie früher in der Schule auf eine Aufgabe können Sie also nicht. Sie sollten sich aber mental auf die Prüfung einstimmen:

- Lassen Sie sich nicht hetzen. Wenn Sie nur die Hälfte der Aufgaben schaffen, sind Sie nicht unbedingt schlecht. So mancher Test ist nämlich gerade darauf angelegt und die Zeitvorgabe absichtlich zu knapp bemessen, damit Sie nervös werden sollen.
- Grübeln Sie nicht lange über einem Punkt, kreuzen Sie lieber gerade bei »Multiple-choice-Aufgaben« auf gut Glück eine Antwort

an. Wenn Sie sich nämlich in eine Aufgabe verrennen, ohne sie letztlich lösen zu können, schaffen Sie noch weniger.

- Sie haben einen Beruf gewählt, bei dem es besonders auf Rechtschreibung, Grammatik und Zeichensetzung ankommt? Dann sollten Sie hier wirklich fit sein. Lieber noch ein paarmal üben, als über einen dummen Fehler stolpern.
- Wie bei der Bewerbung (siehe Kapitel 2) gilt: »In der Ruhe liegt die Kraft.« Seien Sie lieber zu früh als spät und abgehetzt da. Dann können Sie sich nämlich auf den Test einstimmen und gehen nicht schon gestreßt in die Prüfung.
- Machen Sie sich nicht verrückt: Im Einstellungstest geht's nicht um Leben und Tod. Selbst wenn Sie bei einer Firma durchfallen, bedeutet das nicht, daß Sie ein Versager sind. Machen Sie einen erneuten Anlauf: Beim nächsten Unternehmen klappt's vielleicht auf Anhieb. Und vielleicht sogar ohne Test!
- Psychologische Persönlichkeitstests sollten Sie ablehnen. Selbst wenn Sie Ihren Ausbildungsplatz dann nicht bekommen; diese Tests sind sehr umstritten!

Sicher ist es nicht immer leicht, nicht nur den richtigen Beruf, sondern auch die richtige Firma zu finden, damit Sie eine fundierte Ausbildung erhalten. Vielleicht haben Sie die Chance, sich zunächst mal ein paar Tage als »Zuschauer« in Ihrem gewünschten Beruf umzugucken. Ihre neuen Vorgesetzten haben in vielen Fällen nichts dagegen, wenn Sie ein paar Stunden in der Abteilung »schnuppern« wollen, in der Sie Ihre Ausbildung beginnen.

Spätestens dann sollten Sie versuchen, auch den beruflichen Alltag kennenzulernen, wenn Sie eine Arbeitsstelle gefunden haben. Der Beginn Ihrer Ausbildung fällt Ihnen leichter, wenn Sie schon einiges über Ihren Arbeitsplatz wissen, wenn Sie vielleicht auch schon ein paar Mitarbeiter und Ihren neuen Chef, der Sie ausbilden wird, kennen.

Rechte und Pflichten in der Berufsausbildung

Sie haben es geschafft. Sie haben einen Ausbildungsplatz bekommen und freuen sich schon auf den ersten Arbeitstag. Sie sollten sich auch gut darauf vorbereiten. Jetzt, da Sie eine Berufsausbildung beginnen, haben Sie ganz andere Rechte als »nur« als Schülerin; aber Sie haben auch Pflichten. Nicht nur Sie als Auszubildende, sondern auch Ihre Eltern sollten darüber Bescheid wissen.

Ihre Rechte und Pflichten sind genauestens im Berufsbildungsgesetz und in der Handwerksordnung geregelt. So müssen Sie z. B. vor Antritt Ihrer Ausbildung ärztlich untersucht werden. Nach dem ersten Ausbildungsjahr ist eine Kontrolluntersuchung vorgeschrieben. Sie können sich Ihren Arzt frei wählen.

Pflicht Ihrer Ausbilder ist es,

- alles zu tun, damit Sie das angestrebte Ausbildungsziel erreichen;
- alle erforderlichen Ausbildungsmittel und eventuell vorgeschriebene Schutzkleidung kostenlos zur Verfügung zu stellen;
- Sie für die Berufsschule von der Arbeit freizustellen;
- Lehrlinge nicht mit ausbildungsfremden Arbeiten zu betrauen;
- Ihre Tätigkeit auch in der Ausbildung angemessen zu bezahlen.

Ihre Pflicht als Auszubildende dagegen ist,

- Ihr möglichstes zu tun, um die für Ihren gewählten Beruf erforderlichen Fertigkeiten und Kenntnisse zu erhalten;
- die Berufsschule zu besuchen;
- den Weisungen Ihrer Vorgesetzten Folge zu leisten;
- über Betriebs- und Geschäftsgeheimnisse zu schweigen.

Ausbildungsordnung und Ausbildungsplan

Jugendliche unter 18 Jahren dürfen nur in anerkannten Ausbildungsberufen ausgebildet werden. Für jeden dieser Berufe gibt es eine spezielle Ausbildungsordnung. Darin steht,

- wie Ihr Beruf genau bezeichnet wird;
- wie lange die Ausbildung dauert;
- was Sie erlernen und danach auch können müssen;
- in welche Abschnitte sich die Ausbildung aufgliedert;
- welche Prüfungsanforderungen Sie als Auszubildende dann erfüllen müssen.

In der Ausbildungsordnung stehen natürlich nur Mindestanforderungen. Jeder Betrieb – und ein guter Ausbildungsbetrieb wird dies auch tun – kann über diese Minimalforderungen hinausgehen: Neue technische Entwicklungen, andere Arbeitsabläufe und anderes mehr wird dann in Ihre Ausbildung einfließen. Das kommt Ihnen natürlich bei Ihrem späteren Berufsweg zugute – genau wie es Ihnen auch weiterhilft, nicht mit Scheuklappen stur nur die Anforderungen zu erfüllen, sondern sich auch in anderen Abteilungen Ihrer Firma ein bißchen umzusehen.

Nur dann bekommen Sie einen Eindruck von der gesamten Bandbreite Ihres Berufs und Ihres künftigen Arbeitsbereiches. Das ist vor allem auch deshalb wichtig, weil heutzutage kaum jemand noch sein Leben lang im selben Beruf tätig ist. Um so besser, wenn Sie sich dann in angrenzenden Berufsbildern auskennen und somit vielleicht eher eine Chance haben, zu gegebener Zeit »umzusatteln«.

Berufsausbildungsvertrag

Das Ziel Ihrer Ausbildung ergibt sich also aus dem Berufsbild. In einem speziellen Ausbildungsplan ist festgelegt, wie sich Ihre Ausbildung sachlich und auch zeitlich aufgliedert. Das ist von Beruf zu Beruf natürlich unterschiedlich. Ein solcher Ausbildungsplan muß Ihnen aber – zusammen mit dem Berufsausbildungsvertrag – gegeben werden. Es gibt keine besonderen gesetzlichen Vorschriften, wie der Berufsausbildungsvertrag auszusehen hat. Sie sollten jedoch darauf achten, daß darin

- Beginn und Ende der Ausbildung festgehalten sind;
- Anrechnungszeiten (z. B. Betriebspraktikum, Studienzeiten etc.) berücksichtigt werden;
- die Probezeit festgelegt wurde;
- die Dauer des Urlaubs im Kalenderjahr bestimmt ist (gesetzliche Bestimmungen stehen im Jugendarbeitsschutzgesetz – siehe weiter unten);
- Ihre Ausbildungsvergütung für jedes Ausbildungsjahr genau festgeschrieben ist;
- der Vertrag vom Ausbilder unterschrieben ist;
- eventuelle Sonderleistungen (wie etwa spezielle Berufskleidung, Sachleistungen etc.) schriftlich fixiert sind. (Quelle: BMfBuW)

Viele der oben angesprochenen Vertragsinhalte sind in den Tarifverträgen der einzelnen Branchen genau geregelt. Machen Sie sich hier auf jeden Fall kundig, bevor Sie den Vertrag unterschreiben. Haben Sie einen Ausbildungsplatz in einem Betrieb, der nicht tarifgebunden ist, so können Sie die tariflich festgelegte Vergütung trotzdem als Anhaltspunkt nehmen. Nicht an den Tarif gebundene Ausbildungsbetriebe dürfen bis zu 10 Prozent weniger Ausbildungsvergütung bezahlen als in den entsprechenden Tarifverträgen vereinbart.

Achten Sie auch darauf, welche Zeiten auf die Ausbildung angerechnet werden können: Haben Sie Abitur, verkürzt sich in manchen Branchen Ihre Ausbildungszeit sozusagen »automatisch« um ein Jahr. Sie kommen sofort ins zweite Ausbildungsjahr und erhalten natürlich auch den dann üblichen Lohn.

Auch Kündigungszeiten sollten Sie beachten: In der Probezeit – die üblicherweise zwischen einem und drei Monaten dauert – können sowohl Sie als auch Ihr Ausbilder jeweils ohne Angabe von Gründen und ohne Einhaltung irgendeiner Frist kündigen.

Anders ist dies nach der Probezeit: Ihnen kann nur noch aus »wichtigem Grund« gekündigt werden, und dies auch nur dann, wenn Ihrem Ausbilder dieser »wichtige Grund« nicht länger als zwei Wochen bekannt war. Eine ordentliche Kündigung – unter Einhaltung der sonst im Berufsleben üblichen Kündigungsfristen – ist Ihrem Arbeitgeber während Ihrer Ausbildungszeit nicht möglich. *Sie* hingegen haben die Möglichkeit einer ordentlichen Kündigung. Dabei müssen Sie eine vierwöchige Frist einhalten und brauchen – wenn Sie noch minderjährig sind – dazu auch die Unterschrift Ihrer Eltern.

Kündigen müssen Sie einen Ausbildungsvertrag immer schriftlich. Und: Bei einer Kündigung müssen Sie (und bei der »Kündigung aus wichtigem Grund« auch der Ausbilder) immer einen Grund nennen. Ihre Gewerkschaft, der Betriebs- oder Personalrat oder ein Anwalt beraten Sie, wenn Sie sich zu Unrecht gekündigt fühlen.

Jugendarbeitsschutzgesetz

Hier ist genau geregelt, welche Arbeitsbedingungen für Jugendliche unter 18 Jahren zu gelten haben.

Tägliche Arbeitszeit: Sie darf nicht mehr als 8 Stunden betragen. Ruhepausen sind in diese Zeit nicht eingerechnet. Liegt die Arbeitszeit jedoch an einzelnen Werktagen unter 8 Stunden (z. B. am Freitag, weil nachmittags der Betrieb schon schließt), können Sie an den übrigen Werktagen derselben Woche 8,5 Stunden beschäftigt werden.

Schichtzeiten: Arbeiten Sie im Schichtdienst, darf die Arbeitszeit 10 Stunden, im Bergbau unter Tage 8 Stunden, in Gaststätten, in der Landwirtschaft und Tierhaltung, auf Bau- und Montagestellen 11 Stunden nicht überschreiten.

- Die Wochenarbeitszeit darf nicht über 40 Stunden liegen.

(In vielen Tarifverträgen sind allerdings andere Arbeitszeiten für Jugendliche vereinbart. Schon deshalb sollten Sie sich bei Ihrer Gewerkschaft schlau machen.)

Nachtruhe: Der tägliche Arbeitsbeginn darf nicht vor 6 Uhr morgens liegen, das tägliche Arbeitsende nicht nach 20 Uhr abends.

- Ausnahmen von dieser Arbeitszeitregelung gibt es:
  - für Bäckereien (16jährige ab 5 Uhr, 17jährige ab 4 Uhr morgens) und
  - für die Landwirtschaft (16jährige ab 5 Uhr morgens oder bis 21 Uhr).
- In Schichtbetrieben können Sie – wenn Sie über 16 Jahre alt sind – bis 23 Uhr beschäftigt werden.
- Im Gaststätten- und Schaustellergewerbe gilt eine Beschäftigungszeit bis höchstens 22 Uhr.

Fünftagewoche, Samstags- und Sonntagsruhe: Für Jugendliche gilt grundsätzlich die Fünftagewoche, das heißt: an Samstagen und Sonntagen dürfen sie nicht arbeiten.

- Ausnahmen gelten jedoch für beide Tage bei der Ausbildung
  - im Krankenhaus,
  - in Alten-, Pflege- und Kinderheimen,
  - in Landwirtschaft und Tierhaltung,
  - im Familienhaushalt,
  - im Gaststätten- und Schaustellergewerbe,
  - im Sport,
  - im ärztlichen Notdienst sowie
  - in Reparaturwerkstätten für Kraftfahrzeuge.
- Nur für Samstage gilt die Ausnahmeregelung
  - in offenen Verkaufsstellen,
  - in Bäckereien und Konditoreien,

– im Friseurhandwerk sowie im Verkehrswesen und für außerbetriebliche Ausbildungsmaßnahmen.

- Mindestens zwei Samstage bzw. Sonntage pro Monat müssen jedoch beschäftigungsfrei bleiben.
- Für die Samstage und Sonntage, an denen gearbeitet wird, müssen Sie an einem anderen Tag derselben Woche einen freien Tag bekommen.
- Sie haben einen Anspruch auf mindestens 12 Stunden Freizeit pro Arbeitstag.
- Am 24. und 31. Dezember nach 14 Uhr und an allen gesetzlichen Feiertagen gilt die Feiertagsruhe – Jugendliche dürfen an diesen Tagen nicht arbeiten.
- Ausnahmen von dieser Feiertagsruhe sind jedoch in keinem Fall am 25. Dezember, am 1. Januar, am ersten Osterfeiertag und am 1. Mai gestattet.
- Überstunden müssen grundsätzlich angemessen vergütet werden.

Berufsschule: Als Jugendliche müssen Sie für den Besuch der Berufsschule freigestellt werden. Vor einem Berufsschultag muß die Arbeit auf jeden Fall um 20 Uhr enden. Für den Tag selbst gilt:

- Vor 9 Uhr dürfen Sie nicht arbeiten.
- Nach dem Unterricht ebenfalls nicht, wenn mehr als 5 Stunden Unterricht (je Stunde 45 Minuten) stattfanden.
- In Berufsschulwochen mit Blockunterricht (mindestens 25 Stunden an 5 Tagen) müssen Sie von der Arbeit ganz freigestellt werden. Zusätzliche betriebliche Ausbildungsveranstaltungen von bis zu zwei Stunden pro Woche sind dann allerdings erlaubt.
- Für Berufsschultage müssen Sie entlohnt werden. Für einen 5-Stunden-Tag werden Ihnen 8 Arbeitsstunden bezahlt, für eine Berufsschulwoche (siehe oben) erhalten Sie Lohn wie für eine 40-Stunden-Woche, in den übrigen Fällen die Unterrichtszeit einschließlich der Pausen. Verboten ist, daß Ihnen der Ausbilder

wegen des Besuchs der Berufsschule weniger Ausbildungsvergütung bezahlt.

Urlaubsansprüche: Wenn der Tarifvertrag in Ihrer Branche nichts anderes vorsieht, haben Sie als Jugendliche Anspruch auf einen jährlichen Erholungsurlaub:

- Mindestens 30 Werktage stehen Ihnen zu, wenn Sie zu Beginn des Kalenderjahres noch nicht 16 Jahre als sind.
- Mindestens 27 Werktage gibt es, wenn Sie noch nicht 17 und
- mindestens 25 Werktage, wenn Sie noch nicht 18 Jahre als sind.
- Der Urlaub soll – wenn Sie Berufsschülerin sind – in der Zeit der Berufsschulferien gegeben werden. Ist dies nicht möglich, bekommen Sie für jeden Berufsschultag, der in Ihren Urlaub fällt, einen weiteren Urlaubstag gutgeschrieben.

Gefährliche Arbeiten: Als Jugendliche gelten für Sie eingeschränkte Arbeitsregelungen. So dürfen Sie nicht beschäftigt werden mit Arbeiten,

- die Ihre Leistungsfähigkeit übersteigen;
- bei denen Sie sittlichen Gefahren ausgesetzt sind;
- die mit besonderen Unfallgefahren verbunden sind (damit sind auch solche Arbeiten gemeint, deren Gefahren Sie als Jugendliche noch gar nicht einschätzen können);
- bei denen Ihre Gesundheit (etwa durch außergewöhnliche Hitze oder Kälte oder Nässe) gefährdet wird;
- bei denen Sie schädlichen Einwirkungen durch Lärm, Erschütterungen, Strahlen oder durch giftige, ätzende oder reizende Stoffe ausgesetzt sind.

Sind diese Punkte – vor allem die letzten drei – allerdings für Ihr Ausbildungsziel erforderlich und sind Sie über 16 Jahre alt, dann können sie unter Anleitung und Aufsicht eines Fachkundigen ausgeführt werden.

- Akkordarbeit und tempoabhängige Arbeiten dürfen Sie als Jugendliche nicht ausführen; vor allem dann nicht
  - wenn damit ein höherer Lohn erzielt werden kann (schließlich sollen Sie in Ihrer Ausbildung etwas lernen und nicht als billige Arbeitskraft am Fließband mißbraucht werden);
  - wenn Sie diese Arbeiten zusammen mit erwachsenen Arbeitskräften ausführen sollen.
- Ausnahmen von dieser Regelung gibt es nur dann, wenn Akkordarbeit zu Ihrem Ausbildungsziel gehört oder wenn Sie bereits eine Berufsausbildung für diese Beschäftigung abgeschlossen haben. Auch dann gilt immer: Die Anleitung und Aufsicht einer fachkundigen Person muß gewährleistet sein.

Züchtigungsverbot: Es ist absolut verboten, daß Sie von Ihrem Ausbilder körperlich gezüchtigt werden.

- Ihr Ausbilder muß auch dafür sorgen, daß keiner der bei ihm Beschäftigten Sie körperlich mißhandelt.
- Zu diesem Punkt gehört im Jugendarbeitsschutzgesetz auch das Verbot der Abgabe von Alkohol und Tabak an Jugendliche. Unter 16 Jahren dürfen Sie im Betrieb keine alkoholischen Getränke und keine Tabakwaren bekommen, über 16 darf Ihnen kein Branntwein gegeben werden.

Verstöße gegen das Jugendarbeitsschutzgesetz werden empfindlich geahndet: als Ordnungswidrigkeiten, in schweren Fällen auch als Straftat mit Geldbußen bis zu 20 000 Mark. Wenn Sie glauben, an Ihrem Ausbildungsplatz würden die Regelungen des Gesetzes mißachtet, sollten Sie sich an den Betriebs- oder Personalrat wenden. Unternimmt der nichts, können Sie sich an das Gewerbeaufsichtsamt oder das Arbeitsschutzamt wenden.

Ausbildung in einer anderen Stadt

Manche Firmen schicken ihre Auszubildenden auch mal in eine in einer anderen Stadt gelegene Filiale, damit sie sich dort für ein paar Wochen umsehen. Die Kosten für Unterkunft und Verpflegung müssen sie dann nicht selbst tragen: Das Arbeitsamt springt unter Umständen ein.

Abschlußprüfung

Ihr Ausbilder muß Sie rechtzeitig zu den Prüfungen (Zwischen- und Abschlußprüfung) anmelden. Wenn Sie die Prüfung nicht bestehen, können Sie verlangen, daß Ihre Ausbildungszeit verlängert wird bis zur nächsten Prüfung, höchstens aber um ein Jahr.

Wenn Ihre Ausbildung beendet ist, haben Sie Anspruch auf ein Zeugnis. In ihm steht die Art Ihrer Ausbildung, wie lange Sie gedauert hat, welche Fähigkeiten und Kenntnisse Sie sich erworben haben. Sie können Ihren Ausbilder bitten – und er muß dieser Bitte nachkommen! –, daß in Ihrer Beurteilung auch ausführliche Angaben über Ihre Leistungen, Ihr Benehmen und über Ihre besonderen Fähigkeiten stehen.

Haben Sie die Abschlußprüfung erfolgreich abgelegt, so ist das Ausbildungsverhältnis beendet. Keine Firma ist verpflichtet, mit Ihnen danach einen Arbeitsvertrag abzuschließen. Vielleicht haben Sie Glück, und Sie werden nach der Ausbildung in den Betrieb übernommen. Dann gilt sofort – auch ohne den Abschluß eines Arbeitsvertrages – ein unbefristetes Arbeitsverhältnis. Sie müssen dann auch keine Probezeit mehr durchstehen. Werden Sie nicht übernommen, dann müssen Sie sich auf Stellensuche begeben. Dazu kommen wir im nächsten Kapitel.

Kapitel 2:
Auf Stellensuche

Anzeigen, Arbeitsamt oder private Stellenvermittler?

Wenn Sie einen Arbeitsplatz suchen, werden Sie zunächst einmal die Stellenangebote in der örtlichen Tageszeitung studieren. Sie werden sich vielleicht im Bekannten- und Freundeskreis umhören, auch einfach mal »aufs Geratewohl« die Personalchefs einiger Firmen Ihres Wohnortes anschreiben.

Selbstverständlich können Sie auch selbst eine Anzeige aufgeben. Je nachdem, in welchem Berufszweig Sie tätig sind, kann das in der örtlichen und/oder überregionalen Tageszeitung oder in einem Fachblatt sein. Sicher können Sie es sich nicht leisten – wie etwa ein großes Unternehmen – ganzseitige Anzeigen zu schalten. Deshalb werden Sie sich für eine Kleinanzeige entscheiden. Aber auch die kostet – ein paar hundert Mark sind da schnell zusammen.

Dieses Geld können Sie sich in den meisten Fällen sparen. Selten wird Ihr neuer Arbeitgeber seine Fachkräfte aus den Kleinanzeigen des Stellenmarktes herausfischen. Wenn Sie allerdings einen zur Zeit besonders gefragten Beruf ausüben, wenn Sie eine besondere, seltene Ausbildung haben, können Sie mit einer eigenen Stellengesuchanzeige doch Glück haben.

Bei der Formulierung Ihres Stellengesuchs sollten Sie auf folgendes achten:

- kurz und knapp – aber nicht mit gequälten Abkürzungen!
- keine humorigen Anspielungen!

- kein übertriebenes Eigenlob!

Ein Personalchef will wissen, ob Sie für eine neue Arbeitsstelle den Wohnort wechseln würden, ob Sie also mobil und flexibel sind. Ihre Qualifikationen sollten in der Anzeige ebenfalls vermerkt sein – so gut dies eben in der Kürze des Textes geht.

Auf jeden Fall sollten Sie beim Arbeitsamt vorsprechen. Ganz gleich, ob Sie zum jetzigen Zeitpunkt erst Ihre Ausbildung beendet haben oder ob Sie – aus welchen Gründen auch immer – Ihre bisherige Arbeitsstelle wechseln wollen (oder müssen): Das Arbeitsamt ist verpflichtet, Ihnen bei der Suche nach einem neuen Job zu helfen. Es lohnt sich immer, bei den Außenstellen der Bundesanstalt für Arbeit – das sind die örtlichen Arbeitsämter – Informationen über freie Stellen einzuholen. Selbst dann, wenn Sie keinen Anspruch auf Arbeitslosengeld haben, lohnt sich ein Besuch. Beim Arbeitsamt

- werden Sie als arbeitssuchend registriert,
- können Sie an kostenlosen Orientierungskursen teilnehmen,
- haben Sie unter bestimmten Umständen die Möglichkeit, Umschulungen oder Fortbildungen zu absolvieren,
- sind Sie arbeitslos gemeldet – und diese Zeiten sind für die Rentenberechnung von Wichtigkeit (mehr Informationen zum Thema Arbeitslosigkeit finden Sie im 6. Kapitel).

Seit August 1994 dürfen neben der Bundesanstalt für Arbeit auch private Agenturen Stellen vermitteln. Wenn Sie sich an solche privaten Arbeitsvermittler wenden, sollten Sie darauf achten, daß diese auch seriös arbeiten. Das heißt:

- Es muß gewährleistet sein, daß alle Ihre Angaben vertraulich behandelt werden.
- Sie müssen für die Vermittlungstätigkeit auf keinen Fall etwas bezahlen.

- Die Vermittlungsgebühr holt sich der private Arbeitsvermittler von den Arbeitgebern – nicht von Ihnen als Arbeitssuchende.

Erleben Sie bei einem privaten Arbeitsvermittler etwas anderes, sollten Sie sich von ihm nicht vermitteln lassen und ihn eventuell sogar beim zuständigen Landesarbeitsamt melden, damit nicht andere Arbeitssuchende auf ihn hereinfallen.

Das Bewerbungsschreiben

Der erste Eindruck, den ein Personalchef von Ihnen als Bewerberin bekommt, ist ein Brief: Ihr Bewerbungsschreiben. Klar, daß Sie deshalb ganz besonders sorgfältig darauf achten, wie Sie Ihre Bewerbung abfassen. Wie in Fernseh- und Rundfunkwerbung müssen Sie alle positiven Seiten Ihrer Person herausstellen. Natürlich »arbeiten« Sie nicht wie in der Waschmittelwerbung, sondern bleiben sachlich. Mit Ihrem Brief möchten Sie ja erreichen, daß Sie – nach Ihrer schriftlichen Vorstellung – die Chance zu einem persönlichen Vorstellungsgespräch bekommen.

Der Leser – also der Chef, Abteilungsleiter oder Personalchef des Unternehmens – muß sich auf den ersten Blick angesprochen fühlen. Das ist vor allem deshalb wichtig, weil es viele andere Bewerber gibt: Viele hundert Zuschriften auf eine einzige geschaltete Anzeige sind heute absolut nichts Ungewöhnliches mehr. Gerade deshalb muß Ihr Bewerbungsschreiben sich aus der Masse der anderen abheben – aber nicht etwa dadurch, daß Sie auf rosa Briefpapier schreiben. Hier ein paar wichtige Tips:

- In der Kürze liegt die Würze. Dieses alte Sprichwort gilt gerade bei einem Bewerbungsschreiben. Länger als eineinhalb Seiten sollte es nie sein, besser ist sogar nur eine einzelne Seite.
- Der äußere Rahmen muß stimmen: reinweißes, gutes Papier im DIN-A4-Format, das ungelocht und unliniert ist (Qualitätsmerk-

male finden Sie auf der Packung: 70-Gramm-Papier z. B. ist für eine Bewerbung bestens geeignet). Ihr Brief wird nicht mit der Hand, sondern mit einer guten elektrischen Schreibmaschine (am besten gleich auf dem PC) geschrieben. Sie schreiben in einem Abstand von 1 ½ Zeilen.

- Daß Rechtschreibung und Zeichensetzung perfekt sind, sollte eine Selbstverständlichkeit sein. Wenn Sie damit Probleme haben, lassen Sie Ihren Brief entweder in einem Schreibbüro tippen oder geben ihn noch einmal zur Korrektur an jemanden, von dem Sie wissen, daß er Rechtschreibung, Grammatik und Zeichensetzung beherrscht.

Sicher ist es nicht ganz einfach, sich selbst und die eigenen Fähigkeiten »anzupreisen«. Bestimmte Dinge gehören jedoch unbedingt zu einer ordentlichen Bewerbung. Unsere kleine Checkliste soll Ihnen hier weiterhelfen.

- Anschreiben
- Lebenslauf
- Foto
- Zeugnisse
- Referenzen
- Arbeitsproben

  Am besten alles zusammen in einer Klemm-Mappe.

Das Anschreiben. Beim Abfassen des Bewerbungsschreibens sollten Sie sich fragen:

- Erreicht Ihr Brief den richtigen Ansprechpartner? (Er wird meist in Stellenanzeigen genannt.) An diesen wenden Sie sich auch. Falls Sie sich »einfach so« bei einer Firma bewerben, finden Sie heraus (ein Telefonanruf genügt da in den meisten Fällen!), wer für Einstellungen zuständig ist.
- Macht Ihr Brief neugierig? Das bedeutet natürlich nicht, daß Sie

geheimnisvoll Ihre Fähigkeiten nur andeuten. Aber ein Bewerbungsschreiben sollte so abgefaßt sein, daß man Sie auf jeden Fall persönlich kennenlernen will.

- Ist Ihr Brief nützlich? Das heißt, er muß – in aller Kürze – alle wichtigen Informationen enthalten, die ein Personalchef für ein Einstellungsgespräch braucht: beruflicher Werdegang, Ihre Erfahrungen, Ihre Ausbildung, Ihre Qualifikation für diesen Job.

Der Lebenslauf. Er wird ebenfalls auf gutem, weißem, unliniertem Papier geschrieben. Sie können Ihren Lebenslauf mit der Schreibmaschine oder dem PC schreiben. Nur wenn es ausdrücklich gewünscht wird, schreiben Sie ihn mit der Hand.

Den Lebenslauf fassen Sie tabellarisch (in Tabellenform) ab:

- Zur Person geben Sie Ihren vollständigen Namen an, Ihre Adresse mit Telefonnummer, Ihr Geburtsdatum und den Geburtsort. Wichtig sind außerdem Ihr Familienstand sowie die Anzahl Ihrer Kinder.
- Zur Schulausbildung genügt es meist, wenn Sie vor allem auf den erreichten Schulabschluß hinweisen.
- Zur Berufsausbildung gehören Lehre oder Studium, Hospitanzen oder Volontariat, aber auch Berufspraktika.
- Zur Berufstätigkeit zählen alle bisherigen Firmen, in denen Sie gearbeitet haben. Dabei sollten Sie schildern, welcher Art Ihre bisherigen Tätigkeiten waren. Selbstverständlich nennen Sie hier die genauen Firmenbezeichnungen samt Ortsangaben.
- Zur Weiterbildung rechnet man Lehrgänge, Zweitstudien, Zusatzausbildungen.
- Zu den »besonderen Kenntnissen« zählen Fremdsprachen, Computerkenntnisse, Führerschein und andere besondere Fähigkeiten, die Sie sich im Lauf der Zeit angeeignet haben.

Man kann im Lebenslauf auch auf Hobbys, private Interessen oder ehrenamtliche Tätigkeiten eingehen. Das kommt ganz darauf an, für welche Stellung Sie sich bewerben.

- Zum Schluß stehen im Lebenslauf Ort und Datum sowie Ihre eigenhändige Unterschrift.

Das Foto. Zu jeder Bewerbung gehört ein Lichtbild neueren Datums, das Sie am besten rechts oben am Lebenslauf befestigen. Bitte: Kein Ganzkörperfoto, ganz gewiß keine sexy Aufnahme im Bikini, sondern ein sympathisches Paßbild. Sparen Sie hier nicht am falschen Platz! Lassen Sie ein gutes Foto vom Profi machen; gehen Sie nicht in den Foto-Automaten am Bahnhof.

Die Zeugnisse. Eines ist klar: Selbstverständlich verschicken Sie keine Originale mit Ihrem Bewerbungsschreiben. Lassen Sie sich in einem Fotokopier-Shop gute Kopien anfertigen. Diese werden einzeln in Klarsichthüllen gesteckt.

Referenzen und Arbeitsproben. Manchmal werden bereits in der Stellenanzeige Referenzen oder Arbeitsproben gefordert. Wenn Sie Referenzen früherer Arbeitgeber haben, legen Sie diese auf jeden Fall bei. Arbeitsproben dagegen gehören nur dann in eine Bewerbungsmappe, wenn sie ausdrücklich gefordert werden. Das gleiche gilt für die

Handschriftenprobe. Es gibt Unternehmen, die neue Mitarbeiter durch einen Graphologen testen lassen. Dazu benötigt man eine Schriftprobe. In vielen Fällen genügt es jedoch, den Lebenslauf handschriftlich zu verfassen.

Referenzen und Arbeitsproben werden ebenso wie die Handschriftenprobe jeweils in eine Klarsichthülle gesteckt.

Lücken im Lebenslauf kann jede(r) haben. Sie sollten solche Lücken jedoch erklären können, wenn es zu einem Vorstellungsgespräch kommt. Haben Sie ein- oder mehrmals »Babypause« gemacht, so geben Sie dies ruhig in Ihrem Lebenslauf an. Sind Sie zur Zeit arbeitslos, so endet Ihr Lebenslauf mit Ihrer letzten beruflichen Tätigkeit. Vermeiden Sie es auf jeden Fall, Unwahrheiten aufzuschreiben: Die fliegen spätestens beim Vorstellungsgespräch sowieso auf.

Grundsätzlich nicht in einen Lebenslauf gehören Kirchen-, Partei- oder Gewerkschaftszugehörigkeit – außer Sie bewerben sich bei einer dieser Institutionen. Auch Angaben zu Ihrer körperlichen Verfassung, über Ihre finanziellen Verhältnisse, über Ihre familiären Umstände haben im Lebenslauf nichts zu suchen.

All diese Unterlagen kommen in eine Klemm-Mappe. Lebenslauf, Zeugnisse und alles andere werden – wie schon gesagt – in einzelnen Klarsichthüllen abgeheftet, das Bewerbungsschreiben liegt extra vorne in die Mappe. Alles zusammen wird in einem DIN-A4-Umschlag (am besten mit kartonierter Rückwand) verschickt. Die Adresse und Ihr Absender sollten deutlich lesbar geschrieben sein. Ganz wichtig: Frankieren Sie Ihr Bewerbungsschreiben ausreichend (am besten geben Sie es bei der Post auf!). Denn es macht bestimmt keinen guten Eindruck, wenn Ihr Brief mit Nachporto und Strafgebühren beim Personalchef ankommt.

Nicht bei jeder Bewerbung können Sie sofort mit Antwort rechnen. Vor allem dann nicht, wenn Sie nicht auf eine Anzeige, sondern auf »gut Glück« an die Personalabteilung geschrieben haben.

Bei großen Unternehmen kommen oft so viele Bewerbungen auf eine Stellenausschreibung, daß es Wochen dauern kann, bis alle Schreiben vom Personalchef »gesichtet« wurden. Ist dem Unternehmen an guten Mitarbeitern gelegen, so wird man sofort nach Erhalt Ihrer Bewerbung einen Zwischenbescheid losschicken. Darin steht meist, daß man sich nach einer Vorauswahl wieder bei Ihnen melden wird. Das kann manchmal auch länger dauern.

Sie sollten daher auf jeden Fall nachhaken: etwa zwei bis drei Wochen, nachdem Sie Ihre Bewerbung losgeschickt haben, melden Sie sich telefonisch in der Personalabteilung des Betriebes. Das wirkt dann durchaus nicht aufdringlich – im Gegenteil: es zeigt Ihr Interesse an der angebotenen Arbeitsstelle.

Das Vorstellungsgespräch

Sie sind zu einem Vorstellungsgespräch geladen worden. Das bedeutet: Ihr Bewerbungsschreiben ist »angekommen«. Man hält Sie aufgrund Ihrer Zeugnisse und Ihrer beruflichen Qualifikation für geeignet, die ausgeschriebene Stelle auszufüllen.

Nun geht's ums Ganze: den ersten persönlichen Eindruck. Aus diesem Grund hat man Sie auch gebeten, zu einem Gespräch mit dem Personalchef oder Ihrem künftigen Vorgesetzten vorbeizukommen.

Wenn Sie das geschafft haben, sind Sie schon ziemlich weit gekommen, vor allem dann, wenn Sie sich bei einer kleineren oder mittelgroßen Firma beworben haben. Bei größeren Unternehmen werden dagegen oft sehr viele Bewerber eingeladen: Man macht verschiedene Tests und führt lange Auswahlgespräche mit den einzelnen »Kandidaten«. Keine Panik: Man kann vieler solcher Tests vorher üben. Anleitungen dazu bekommen Sie im Buchhandel.

Wie schon gesagt: Beim Gespräch soll Ihre Person jetzt getestet werden. Ihre berufliche Zukunft entscheidet sich dadurch, welchen persönlichen Eindruck Sie bei Ihrem Gegenüber machen. Es kommt darauf an,

- wie Sie auftreten;
- wie selbstbewußt Sie sind;
- wie Sie sich und Ihre Arbeit darstellen und
- wie Sie von Ihrem Äußeren und Ihrer Ausstrahlung her für den Job geeignet sind.

Gerade letzteres läßt sich natürlich am schwersten einordnen. Bei vielen Vorgesetzten spielt spontane Sympathie oder Antipathie eine entscheidende Rolle. Sie können sich nicht von vornherein auf alles einstellen. Aber Sie werden vieles – auch unvermutete »Angriffe« – besser überstehen, wenn Sie sich bei Ihrem Vorstellungsgespräch gut fühlen und bestens vorbereitet sind:

- Informieren Sie sich genau über die Firma, in der Sie künftig arbeiten wollen. Natürlich werden Sie keine Interna erfahren. Aber Sie sollten schon wissen, um welchen Betrieb es sich handelt, was hergestellt wird (oder welche Dienstleistungen erbracht werden), warum Sie eigentlich genau hier eine Anstellung anstreben.
- Spielen Sie das Gespräch schon mal vorher durch. Sie müssen sich aber nicht als Superfrau vorstellen, die ihrem Gegenüber lässig lächelnd alles aus der Hand nimmt. Bleiben Sie beim Durchspielen möglichst dicht an der Realität. Welche Fragen in einem Vorstellungsgespräch auftreten können, welche zulässig und welche unzulässig sind, lesen Sie weiter unten.
- Haben Sie keine Scheu, vor sich selber (und beim Gespräch eventuell auch Ihrem Gegenüber) zuzugeben, daß Sie nervös sind. Das macht Sie sympathischer, als wenn Sie cool alle Ängste überspielen wollen (und Ihnen dies aber nicht gelingt).
- Überlegen Sie sich vorher, welche Gehaltsvorstellungen Sie haben. Überziehen Sie dabei nicht – Ihr neuer Chef wird sich bei Gehältern gut auskennen. Zu hohe Forderungen werfen Sie schon frühzeitig aus dem Rennen.
- Nehmen Sie sich Notizblock und Kuli mit. Machen Sie sich ein paar Notizen, was Sie für Fragen an Ihr Gegenüber haben. Kommen Sie aber nicht gleich in den ersten Minuten mit Fragen nach Sozialleistungen, Urlaubsansprüchen etc. heraus. Das macht ganz gewiß keinen guten Eindruck.
- Natürlich bereiten Sie sich selbst bestens vor: Sie haben Ihren Lebenslauf im Kopf, wissen, wann Sie wo und was gearbeitet haben,

ohne nachschlagen zu müssen. Vielleicht probieren Sie vorher mal aus, in etwa zwei bis drei Minuten Ihre bisherige Tätigkeit (besonders in der letzten Firma) zu umreißen. Denn eine Frage kommt gewiß: »Was haben Sie denn bisher gemacht?«

Außerdem sollten Sie auf ein paar Äußerlichkeiten achten:

- Sie sind selbstverständlich pünktlich. Es gibt keine Entschuldigung oder Ausrede dafür, ausgerechnet zu einem Vorstellungsgespräch zu spät zu kommen. Lieber sitzen Sie noch eine halbe Stunde im Café, weil eben doch kein Stau war, bevor Sie zu spät kommen. Wenn Sie Ihren Vorstellungstermin in einer anderen Stadt haben, reisen Sie besser schon am Vortag an, um wirklich ausgeruht zum Gespräch zu erscheinen. Übrigens: Auch zu früh zu kommen macht nicht den besten Eindruck. Höchstens eine Viertelstunde ist »erlaubt«, alles andere wirkt unsicher.
- Sie erscheinen in der passenden Kleidung. Die richtet sich selbstverständlich nach der Stellung, die Sie anstreben. Als Versicherungskauffrau werden Sie seriöser gekleidet arbeiten müssen als im Video-Shop, am Bankschalter ganz anders angezogen sein als eine Grafikerin in der PR-Agentur. Kaufen Sie sich nicht unbedingt etwas Neues, in dem Sie sich noch nicht »Zuhause« fühlen. Tragen Sie lieber etwas Schlicht-Elegantes, in dem Sie sich wohl fühlen. Vergessen Sie nicht, eine Ersatzstrumpfhose einzupacken: Wie leicht kommt's zu einer Laufmasche … Wohl fühlen aber sollten Sie sich, dann strahlen Sie auch Sicherheit und Selbstbewußtsein aus.
- Selbstverständlich legen Sie nicht all Ihren Schmuck an. Wenn überhaupt, dann immer nur nach der Devise: schlichtes Understatement!
- Das Make-up ist perfekt: nicht zu überschminkt, sondern dezent, auf die Kleidung abgestimmt. Das gleiche gilt für die Frisur.
- Wenn Sie bei Aufregung und Streß zum Schwitzen neigen, nehmen Sie Schminkutensilien, Deo und Papiertaschentücher mit. Dann sind Sie für alle Eventualitäten gerüstet.

- Sie wissen selbst am besten, ob Sie Kaffee oder Tee gut vertragen. Bevor Sie jedoch eine Tasse Kaffee zuviel trinken, dann Herzflattern kriegen und in Schweiß gebadet beim Personalchef sitzen, verzichten Sie lieber darauf. Ein Glas Mineralwasser wird Ihnen heutzutage überall genauso wie Kaffee angeboten – und ist sicherlich erfrischender.
- Beim Vorstellungstermin kommt es vor allem auf Ihr Auftreten an. Wenn Sie dann endlich zum Gespräch gebeten werden, sollten Sie versuchen, möglichst unaufgeregt zu wirken (selbst wenn Sie innerlich beben!). Geben Sie ruhig zu, daß Sie nervös sind. Das schadet nichts – wenn Sie es schaffen, nach ein paar zittrigen Anfangsminuten diese Nervosität zu überwinden.

Der Personalfragebogen. In vielen Firmen ist es üblich, daß Sie zunächst einmal einen Personalfragebogen ausfüllen müssen. Darin können auch unzulässige Fragen stehen; die müssen Sie dann nicht wahrheitsgemäß beantworten. (Dasselbe gilt natürlich auch für unzulässige Fragen während des Vorstellungsgesprächs. Auch dabei können Sie die Unwahrheit sagen.)

Grundsätzlich unzulässig ist es, wenn Sie gefragt werden,

- ob Sie heiraten möchten;
- ob Sie empfängnisverhütende Maßnahmen verwenden;
- ob Sie Kinder wollen;
- ob Sie schwanger sind (nur bei bestimmten Berufen – z. B. Model oder Schauspielerin – ist die Frage nach einer Schwangerschaft gestattet, weil diese Ihre Tätigkeit dann unmöglich machen würde);
- ob und welche Erkrankungen Sie bereits hinter sich haben (Sie müssen allerdings auch ohne Befragen auf Krankheiten und Behinderungen hinweisen, die Ihre Tätigkeit einschränken würden);
- ob Sie HIV-infiziert sind (die Frage nach einer bereits bestehenden Aids-Erkrankung dagegen müssen Sie wahrheitsgemäß beantworten);

- ob Sie Mitglied in einer Partei sind (außer Sie bewerben sich bei einer bestimmten Partei);
- ob und in welcher Religionsgemeinschaft Sie sind (hier gilt dasselbe: Wenn Sie sich bei einem katholischen Kindergarten bewerben, kann Ihr Arbeitgeber darauf bestehen, daß Sie dieser Religionsgemeinschaft angehören);
- ob Sie in einer Gewerkschaft organisiert sind (auch für diesen Punkt gibt es Ausnahmen: wenn Sie sich nämlich bei einer Gewerkschaft bewerben);
- welches Gehalt Sie bisher bezogen haben (hier allerdings Lügengespinste zu verbreiten, empfiehlt sich nicht: Firmen tauschen untereinander durchaus Informationen über ihr Gehaltsgefüge aus);
- in welchen Vermögensverhältnissen Sie leben;
- ob Lohn- und Gehaltspfändungen bestanden haben (bestehende allerdings müssen Sie wahrheitsgemäß auf Befragen nennen);
- ob Sie vorbestraft sind (bewerben Sie sich jedoch um eine Stelle in der Buchhaltung oder an der Supermarkt-Kasse, dann müssen Sie sich die Frage nach »Vorstrafen in Vermögensdelikten« gefallen lassen und diese auch wahrheitsgemäß beantworten. Lediglich wenn die Fristen für die Löschung einer Vorstrafe abgelaufen sind, dürfen Sie sich als »straffrei« bezeichnen);
- ob Sie ein polizeiliches Führungszeugnis beibringen können;
- ob und welche Hobbys Sie haben;
- wo Sie Ihren Urlaub verbringen;
- wie Sie Ihr Privatleben gestalten.

So mancher der oben erwähnten Punkte (vor allem von den letzten drei) mag vielleicht nur angesprochen werden, um die gespannte Atmosphäre eines Vorstellungsgesprächs etwas aufzulockern. Das müssen Sie von Fall zu Fall selbst entscheiden. Selbstverständlich können Sie dann locker auf die Fragen eingehen. Aber bitte nur kurz – Ihr neuer Arbeitgeber soll nicht denken, daß Ihnen Reisen und Hobbys wichtiger sind als die neue Arbeitsstelle.

Grundsätzlich zulässig sind alle Fragen nach Ihrem bisherigen beruflichen Werdegang. Sie müssen also wahrheitsgemäß antworten, wenn Sie gefragt werden,

- ob Sie eine vollständige Ausbildung abgeschlossen haben,
- wie diese Ausbildung aussah,
- mit welchen Noten Sie bei Prüfungen abgeschlossen haben,
- ob Sie derzeit einem Wettbewerbsverbot unterliegen (etwa, weil Sie in der vorherigen Firma einen Arbeitsvertrag unterschrieben haben, der Ihnen untersagt, innerhalb eines bestimmten Zeitraums in einem Betrieb derselben Branche zu arbeiten).

Fallen Sie nicht auf ein paar miese Tricks herein, die viele Personalchefs anwenden, um einen neuen Mitarbeiter zu testen:

- In den meisten Fällen werden Sie gefragt, warum Sie Ihren bisherigen Arbeitsplatz aufgeben. Hüten Sie sich davor – selbst wenn Sie Ihre alte Firma im Unfrieden und mit Gerichtsstreit verlassen haben – dies genauestens zu schildern. Kritisieren Sie Ihren vorherigen Boß nicht; selbst wenn Sie Grund dazu hätten, selbst wenn Sie – etwa weil Sie zur direkten Konkurrenz wechseln – fast dazu aufgefordert werden. Es macht auf Ihren neuen Chef keinen guten Eindruck, wenn Sie da allzu frei vom Leder ziehen.
- Selbst wenn Ihnen ein Glas Wein oder ein Cognac angeboten werden: verzichten Sie darauf. Unter Umständen will man nämlich nur herausfinden, ob Sie mit Alkohol Probleme haben.
- Auch auf Zigaretten sollten Sie verzichten. Selbst wenn Sie eine starke Raucherin sind: während des Vorstellungsgesprächs ist der Tabakgenuß tabu. Vor allem dann, wenn Ihr Gegenüber nicht raucht.

Als heikel empfinden viele Arbeitnehmer – nicht nur Frauen – beim

Vorstellungsgespräch die Frage nach der Gehaltsvorstellung. In den meisten Branchen gibt es Tarifverträge, in denen Eingruppierungen und Gehaltshöhe klar geregelt sind (Tarifverträge und Gehaltsstufen erfahren Sie von der Gewerkschaft – Adressen in Kapitel 10). Manchmal aber wird – gerade wenn Sie schon einige Berufserfahrung aufweisen können – über Ihr Gehalt frei verhandelt:

- Ihrem neuen Chef ist klar: Sie werden nicht das gleiche Gehalt beziehen wollen wie in Ihrer alten Firma, Sie möchten sich finanziell verbessern.
- Stellen Sie Ihr Licht nicht unter den Scheffel. Wenn Sie gute Arbeit leisten, eine fundierte Ausbildung haben und sich in Ihrem Job ständig durch Weiterbildung auf dem laufenden halten, sollten Sie dafür auch das angemessene Gehalt bekommen.
- Denken Sie aber bitte nicht, Sie könnten Ihren neuen Arbeitgeber austricksen, indem Sie völlig überzogene Gehaltsvorstellungen durchsetzen wollen.
- Ein bißchen Pokern schadet nicht. Aber bluffen Sie nicht zu hoch. Lehnt die Firma Ihre Forderung ab, machen Sie aber auch keinen hastigen Rückzieher. Das wirkt schnell so, als seien Sie dringend auf diesen Job angewiesen. Und damit sind Sie manchmal schon aus dem Rennen.
- Versuchen Sie lieber zu verhandeln. Vielleicht gibt es andere Möglichkeiten, Ihre Gehaltswünsche durchzusetzen: nach der Probezeit, wenn Sie sich bewährt haben. Oder Sie erhalten Vergünstigungen, wie Dienstwagen, besondere Einkaufsmöglichkeiten oder andere Vorteile aus Ihrer neuen Stellung (die müssen aber dann auch im Arbeitsvertrag stehen!).
- Wenn Sie nicht pokern wollen, sagen Sie ganz klar: »Bis jetzt hatte ich … Mark, ich möchte mich aber verbessern!« Und warten Sie dann auf das Angebot Ihres Gegenübers. Auch hier gilt: Wenn Ihnen das Angebot zu niedrig erscheint, sagen Sie nicht sofort zu. Verhandeln Sie besser über andere Bedingungen (siehe oben).

- Wenn Sie keine genaue Summe nennen wollen, halten Sie sich an den Richtwert von etwa zwischen 10 und 20 Prozent mehr. Beachten Sie aber bitte, daß es sich immer um Bruttobeträge beim Gehalt handelt.
- Fragen Sie danach, wie viele Gehälter pro Jahr bezahlt werden. Meist können Sie von noch mindestens einem, manchmal sogar zwei Gehältern mehr durch Urlaubs- und Weihnachtsgeld ausgehen.
- Manche Firmen zahlen extra für besondere Leistungen Provisionen oder Leistungszuschläge, wenn eine Abteilung besonders gut gewirtschaftet hat.
- Sind Sie besonders qualifiziert, bewerben Sie sich um eine leitende Stellung? Dann wird meist in Jahresbruttogehältern gesprochen, nicht mehr in Monatsbeträgen.
- In jedem Fall bitten Sie sich – selbst wenn Sie dringend ersucht werden, sofort zuzusagen – Bedenkzeit aus.
- In den meisten Fällen jedoch wird es anders herum laufen: Man hat Sie »besichtigt«, wird noch andere Bewerberinnen zum Gespräch bitten und sich dann entscheiden.
- Fragen Sie ruhig nach, bis zu welchem Termin eine Entscheidung fallen wird. Und scheuen Sie sich nicht, zu diesem Termin dann nachzuhaken.

Wenn Sie sich in einer anderen Stadt vorstellen, klären Sie, an wen Sie die Reisekostenabrechnung für Ihre Bewerbung schicken sollen. Denn nach § 670 BGB ist der Arbeitgeber verpflichtet, Ihnen Ihre Auslagen zu erstatten, wenn er Sie an einem bestimmten Termin zu einem Vorstellungsgespräch gebeten hat. Dies gilt unabhängig davon, ob später wirklich ein Arbeitsvertrag zustande kommt. Anders ist es nur, wenn Ihnen ausdrücklich vorher mitgeteilt wurde, daß Vorstellungskosten nicht erstattet werden oder daß eine Reisekostenabrechnung nach den hausinternen Gepflogenheiten erfolgt.

Auch beim Arbeitsamt können Sie übrigens einen Zuschuß zu Vorstellungskosten geltend machen.

Ihr alter Arbeitgeber muß Ihnen – wenn Sie bereits gekündigt haben – zur Stellensuche »angemessene Freizeit« gewähren (§ 629 BGB). Zwei bis drei Stunden sind dafür normal. Stellen Sie sich in einer anderen Stadt vor, muß auch ein ganzer Tag freigegeben werden; auch dann, wenn Sie mehrere Vorstellungsgespräche bei mehreren Firmen haben. Und: er darf sich nicht danach erkundigen, wo Sie sich bewerben und vorstellen.

Nun bleibt Ihnen nur noch zu hoffen, daß Sie einen guten Eindruck hinterlassen haben, daß Sie überzeugt haben. Dann werden Sie bald eine neue Arbeitsstelle antreten können. Wenn alles klappt, halten Sie in ein paar Tagen Ihren Arbeitsvertrag in Händen. Dazu kommen wir im nächsten Kapitel.

Kapitel 3: Geschafft – am nächsten 1. fange ich an!

Nach dem Grundgesetz ist in der Bundesrepublik jedem Arbeitnehmer die »freie Wahl des Arbeitsplatzes« garantiert. Das heißt, daß es völlig Ihnen überlassen bleibt, ob Sie ein Arbeitsverhältnis eingehen oder nicht. Dem Unternehmer dagegen bleibt es überlassen, ob er einen Bewerber einstellt.

Die Realität sieht natürlich anders aus: Kaum jemand kann es sich leisten, nicht zu arbeiten; kaum jemand ist absolut frei in der Entscheidung: Welchen Beruf lerne ich? Wo übe ich ihn aus? Wie lange übe ich ihn aus?

Berufstätigkeit hat heute für Frauen einen ganz anderen Stellenwert als in der Nachkriegszeit, als das Grundgesetz entstand.

Damals arbeiteten Frauen vor allem, weil sie Geld verdienen mußten, weil »der Ernährer«, also der Ehemann, gefallen, vermißt oder in Gefangenschaft war.

Natürlich arbeiten auch Sie, weil Sie Ihren Lebensunterhalt verdienen müssen. Doch eine Arbeitsstelle ist heute für die meisten Frauen nicht die schlechtere Alternative zum Leben als Hausfrau und Mutter, sondern eine andere Möglichkeit, ihr Leben zu gestalten. Umfragen ergaben: Frauen arbeiten in einem Beruf

- aus finanziellen Gründen,
- weil sie eigene Rentenansprüche erwerben wollen,
- weil sie Selbstbestätigung suchen,
- weil sie auch außerhalb der Familie Kontakte knüpfen möchten,
- weil ihnen die Arbeit Spaß macht. (Quelle: BMfFuJ, BMfFuS)

Statistiken und Zahlen zeigen deutlich, daß sich die Zeiten wirklich geändert haben: In den alten Bundesländern liegt die Erwerbsquote der Frauen bei knapp 60 Prozent; etwa 41 Prozent aller Frauen sind berufstätig. In den neuen Bundesländern liegt die Erwerbsquote der Frauen bei 75 Prozent; und etwa 46 Prozent sind berufstätig (Quelle: ibv – Bundesanstalt für Arbeit, Arbeits- und Sozialstatistik 1992, herausgegeben vom BMA).

Gleicher Lohn für gleiche Arbeit?

Der Grundsatz »Gleicher Lohn für gleiche Arbeit« ist leider noch immer nicht überall verwirklicht. Im statistischen Durchschnitt verdienen Frauen etwa ein Drittel weniger als Männer. Das liegt unter anderem daran, daß Frauen und Männer sich im Arbeitsleben unterschiedlich verhalten:

- Frauen sind – im Durchschnitt – weniger lang in ein und demselben Betrieb beschäftigt.
- Frauen haben oft eine schlechtere Ausbildung – vor allem dann, wenn sie schon älter sind. Deshalb werden sie in Stellungen beschäftigt, die eine geringere berufliche Qualifikation benötigen.
- Frauen gelangen seltener als Männer in gehobenere Positionen.
- Frauen erreichen im Durchschnitt eine geringere Anzahl von Arbeitsstunden.

Letzteres ist vor allem darin begründet, daß im Bereich der Teilzeitarbeit überwiegend weibliche Arbeitskräfte tätig sind. Auch hier kann man wieder die Statistik sprechen lassen:

- Gut ein Drittel der erwerbstätigen Frauen arbeiten in den westlichen Bundesländern in einer Teilzeitbeschäftigung. Im Osten sind es etwa 15 Prozent (Stand 1992).
- In den alten Bundesländern verbinden die Frauen meist Familie und Beruf, im Osten arbeiten meist ältere Frauen in Teilzeitjobs.
- In absoluten Zahlen sieht das für 1993 so aus: Teilzeitbeschäftigt waren gut 2,5 Millionen Frauen – aber nur etwa 216 000 Männer. Das sind weniger als 10 Prozent. (Quelle: ibv – Bundesanstalt für Arbeit)

Teilzeitarbeit ist – in den westlichen wie auch in den östlichen Bundesländern – absolut »Frauensache«. Neben der Teilzeitarbeit spielt für Frauen vor allem die sogenannte geringfügige, sozialversicherungsfreie Beschäftigung eine große Rolle: 1992 waren rund 1,8 Millionen Frauen sozialversicherungsfrei beschäftigt. Und damit stellten sie 70 Prozent der Arbeitskräfte in dieser Gruppe (Quelle: Arbeitsmarktreport der Bundesanstalt für Arbeit, Januar 1994).

Von den 1,8 Millionen waren immerhin 1,2 Millionen »Haushaltsführende«, das heißt sie hatten in der Regel keinen eigenständigen Sozialversicherungsschutz und können diesen durch die sozialversicherungsfreie Beschäftigung auch nicht aufbauen. Diese Zahlen gelten für die alten Bundesländer. In den neuen Bundesländern dagegen stellen Frauen nur 47 Prozent der sozialversicherungsfrei Beschäftigten – und dabei handelt es sich meist um Arbeitslose und Rentnerinnen, selten um Haushaltsführende. (Mehr über geringfügige Beschäftigungen finden Sie in Kapitel 5.)

Sonderregelungen

Wichtig, falls Sie schwerbehindert sind: Der Unternehmer ist ab einer Betriebsgröße von mehr als 16 Arbeitnehmern verpflichtet, wenigstens 6 Prozent seiner Arbeitsplätze mit Schwerbehinderten zu besetzen. Tut er dies nicht, muß er als Ausgleich für jeden dieser Arbeitsplätze monatlich 200 Mark Ausgleichsabgabe bezahlen.

- Der Unternehmer darf eine Einstellung nicht deshalb ablehnen, weil der Bewerber eine Frau oder ein Mann ist. Im Einzelfall werden Sie dies selten nachweisen können. Es gibt natürlich auch Ausnahmen: »wenn das Geschlecht eine unverzichtbare Voraussetzung für die Tätigkeit ist«. Dies ist etwa dann der Fall, wenn eine Schauspielerrolle besetzt werden muß.
- EG-Angehörige dürfen bei der Begründung von Arbeitsverhältnissen gegenüber deutschen Arbeitnehmern nicht benachteiligt werden. Dies gilt natürlich vor allem dann, wenn Sie im Grenzgebiet (etwa im Elsaß oder an der deutsch-dänischen Grenze) wohnen.
- Der öffentliche Dienst steht ebenfalls jedem offen, wenn Sie nach

Ihrer Eignung, Befähigung und fachlichen Leistung Aufgaben im öffentlichen Dienst erfüllen können.

- Verbote gibt es lediglich für manche Vorbestrafte: Mit einer schweren oder einschlägigen Vorstrafe ist es Ihnen nicht erlaubt, Jugendliche oder Auszubildende zu beschäftigen, auszubilden oder zu beaufsichtigen (siehe auch Kapitel 1, Jugendarbeitsschutzgesetz).
- Minderjährige (unter 18 Jahre) müssen ihren Arbeitsvertrag vom gesetzlichen Vertreter (in der Regel also von den Eltern) unterschreiben lassen. Mit Jugendlichen unter 15 Jahren kann man in der Regel überhaupt keinen Arbeitsvertrag abschließen.

Tarifverträge

Es ist wichtig, daß Sie es sich auf jeden Fall zur Regel machen – auch wenn Sie nicht gewerkschaftlich organisiert sind –, den Tarifvertrag, der für Ihre Branche gültig ist, genauestens zu studieren. Nur dann können Sie sicher sein, daß Ihr Arbeitgeber sich an alle Regelungen hält. Übrigens: Jeder Unternehmer ist verpflichtet, die für seinen Betrieb geltenden Tarifverträge im Betrieb auszulegen. Sie können sich aber die nötigen Informationen auch bei Ihrer Gewerkschaft holen.

In den Tarifverträgen geht es selbstverständlich nicht nur um Gehälter, sondern auch um soziale Leistungen, Urlaubsansprüche, Urlaubs- und Weihnachtsgeld, Arbeitszeiten und vieles andere mehr.

Arbeitsschutzbedingungen (wie etwa das Jugendarbeitsschutzgesetz) sind zwingende Vorschriften und können auch durch Tarifverträge nicht geändert werden. Anders sieht es mit Lohn, Urlaub oder Arbeitszeit aus. Die Wochenarbeitszeit etwa ist vom Gesetz her in der Bundesrepublik immer noch auf 48 Stunden beschränkt; viele Tarifverträge haben aber bereits die 38,5-Stunden-Woche oder sogar noch weniger Wochenarbeitszeit festgelegt. Dasselbe gilt für den Urlaub: Gesetzlich (Bundesurlaubsgesetz) stehen Ihnen 18 Werktage pro Jahr zu. Viele Branchen jedoch haben nach dem gültigen Tarifvertrag eine wesentlich bessere Regelung; Urlaub von 30 Werktagen ist heute keine Seltenheit mehr.

Tarifverträge gelten immer für die tarifgebundenen Arbeitnehmer und Unternehmer unmittelbar und zwingend. Von ihnen kann nur zugunsten des Arbeitnehmers abgewichen werden. Es wird aber kein Unternehmer den Fehler begehen, wirklich nur denjenigen Arbeitnehmern die tariflich ausgehandelten Leistungen zuzugestehen, die tatsächlich gewerkschaftlich organisiert sind. So kommen normalerweise alle Arbeitnehmer in den Genuß der Tarifverbesserungen – ganz gleich, ob es sich dabei um mehr Lohn oder Gehalt, um mehr Urlaub oder bessere Sozialleistungen handelt.

Das ist zwar ein bißchen ungerecht – immerhin haben gewerkschaftlich organisierte Arbeitnehmer die meisten sozialen Fortschritte erkämpft, oft durch Streik! Unternehmer jedoch scheuen die Gewerkschaften und müssen befürchten, daß mehr Arbeitnehmer sich gewerkschaftlich organisieren, wenn nicht auch den »Unorganisierten« die ausgehandelten Tarifbestimmungen sozusagen freiwillig zugestanden werden.

Betriebsvereinbarungen

Ähnliches gilt auch für Betriebsvereinbarungen. Jedem Unternehmer steht es frei, seinen Angestellten bessere als die im Tarifvertrag vorgeschriebenen Leistungen zu geben. Manchmal tut er dies freiwillig, manchmal wird dies vom Betriebsrat für die Angehörigen eines Unternehmens ausgehandelt. Diese Leistungen müssen dann allerdings allen zugute kommen, nicht nur gewerkschaftlich organisierten Mitarbeitern. Betriebsvereinbarungen gelten nur für die Firma, die eine solche Betriebsvereinbarung hat; in ihr dürfen zwar Sondergratifikationen, nicht aber Löhne und Gehälter (die ja im Tarifvertrag geregelt werden) festgeschrieben werden. Im öffentlichen Dienst heißt die Betriebsvereinbarung übrigens Dienstvereinbarung. Sie wird zwischen Dienststelle und Personalrat ausgehandelt.

Der Arbeitsvertrag

Leider gibt es keine Formvorschriften, wie ein Arbeitsvertrag grundsätzlich auszusehen hat. Sie können mit Ihrem Arbeitgeber sogar nur einen mündlichen Vertrag abschließen – dieser ist genauso gültig wie eine schriftliche Vereinbarung. In der Praxis wird das allerdings kaum vorkommen.

Schriftliche Verträge haben nicht unbedingt etwas mit Mißtrauen zu tun, sondern einfach mit dem allgemein gültigen geschäftlichen Umgang, aber auch mit der Beweisbarkeit der Vereinbarungen, die Sie mit Ihrem neuen Arbeitgeber mündlich geschlossen haben. Wenn Sie sich dann nämlich an irgendwelche Abmachungen erinnern, Ihr Boß aber nicht, gibt es keinerlei Beweise für die Zusagen, die Ihnen vielleicht gemacht worden sind. Vor allem dann nicht, wenn bei dem Gespräch keine Zeugen anwesend waren. Also wird man einen Arbeitsvertrag immer schriftlich abschließen. Die Tarifverträge mancher Branchen sehen dies sogar ausdrücklich vor.

In der Bundesrepublik unterscheidet man heute zwischen befristeten und unbefristeten Arbeitsverträgen. Normalerweise wird ein Arbeitsverhältnis auf unbestimmte Zeit geschlossen. Liegen bestimmte sachliche Gründe vor, sind allerdings auch **befristete Arbeitsverträge** möglich. Solche Gründe sind etwa

- Arbeitsverträge zur Probe,
- Aushilfsarbeitsverträge,
- Arbeitsverträge zur Vertretung eines erkrankten oder zum Wehrdienst einberufenen Arbeitnehmers,
- Arbeitsverträge im Saisongewerbe,

- Schwangerschaftsvertretung,
- Fälle, in denen auf besonderen Wunsch des Arbeitnehmers nur ein befristeter Arbeitsvertrag geschlossen wird.

Achtung – Vorteil für Sie: Wenn Sie einen befristeten Vertrag abgeschlossen haben, der Unternehmer jedoch das Arbeitsverhältnis über das vereinbarte Ende hinaus fortsetzt, so entsteht automatisch ein unbefristeter Arbeitsvertrag.

Mehrere befristete Arbeitsverträge können auch hintereinander gereiht werden. Diese sogenannten **Kettenarbeitsverträge** sind jedoch nur dann zulässig, wenn bei dem jeweils zuletzt abgeschlossenen Arbeitsvertrag ein sachlicher Grund für die Befristung vorlag. Die Anforderungen an diesen »sachlichen Grund« steigen allerdings mit der Zahl der hintereinander geschlossenen befristeten Arbeitsverträge.

Für eine Befristung gibt es natürlich ebenfalls **gesetzliche Vorschriften.** Die sollten Sie kennen, damit Sie Ihrem künftigen Arbeitgeber beim Arbeitsvertrag genau auf die Finger schauen können:

- Werden Sie in einer Firma neu eingestellt, können Sie einen befristeten Vertrag auch ohne sachlichen Grund bekommen – für eine Dauer von bis zu 18 Monaten. Diese Befristung gilt nur einmal.
- Nach der Berufsausbildung ist ebenfalls eine einmalige Befristung von bis zu 18 Monaten zulässig. Auch in diesem Fall muß kein sachlicher Grund vorliegen, wenn Sie im Anschluß an die Ausbildung nur vorübergehend weiterbeschäftigt werden.
- Bei neugegründeten Unternehmen gilt eine maximale Dauer der Befristung auf zwei Jahre.

Befristete Arbeitsverträge sind im Beschäftigungsförderungsgesetz geregelt. Gegen die Bestimmungen dieses Gesetzes, das noch bis zum 31. 12. 1995 in der vorliegenden Form gilt, stehen in bestimmten Fällen wieder die Tarifverträge: Enthält ein Tarifvertrag eine Befristungsregelung, die für Sie als Arbeitnehmerin günstiger ist als die des Beschäftigungsförderungsgesetzes, so »bricht« der Tarifvertrag den Gesetzestext. Allerdings nur in solchen Fällen, in denen beide Parteien – also Unternehmer und Arbeitnehmer – tarifgebunden sind bzw. der Tarifvertrag allgemein verbindlich erklärt wurde. Eine solche Allgemeinverbindlichkeitserklärung wird vom Bundesarbeitsministerium, vom Landesarbeits- oder vom Landessozialministerium ausgesprochen. Dabei handelt es sich in den meisten Fällen nicht um Lohntarifverträge, sondern um solche, die Arbeitsbedingungen bestimmen. Bei der Gewerkschaft bzw. dem zuständigen Ministerium (Adressen siehe Kapitel 10) können Sie diesbezüglich Informationen einholen.

Für **Probearbeitsverhältnisse** gelten für Sie alle arbeitsrechtlichen Gesetze, Tarifverträge und Betriebsvereinbarungen. Die gesetzlich vorgeschriebenen (oder tariflich vereinbarten) Mindestfristen für eine Kündigung müssen auch in der Probezeit eingehalten werden. Die Probezeit kann auch als befristetes Arbeitsverhältnis vereinbart werden. Die Probe gilt als »sachlicher Grund« für einen befristeten Arbeitsvertrag. **Achtung:** Tarifvertrag oder Betriebsvereinbarung können jede Befristung ausschließen.

Auf was Sie im Arbeitsvertrag achten müssen

Ganz gleich, ob Sie einen befristeten oder unbefristeten Arbeitsvertrag abschließen – folgende Regelungen sollten immer ausdrücklich schriftlich festgehalten werden:

Ihr Lohn/Ihr Gehalt mit allen Sonderleistungen. Dazu rechnet man zum Beispiel

- Urlaubsgeld,
- Weihnachtsgeld,
- ein 13. oder gar 14. Gehalt,
- Vermögensbildungsmaßnahmen des Unternehmens,

– Altersversorgung (das kann eine Betriebsrente sein),
– Fahrgeld,
– Essenszuschüsse.

Beginn des Arbeitsverhältnisses.

Arbeitszeit. Täglich dürfen Sie nicht mehr als 10 Stunden arbeiten – auch dann nicht, wenn Sie Überstunden leisten müssen. Für Frauen gelten besondere Bestimmungen: An Sonn- und Feiertagen gilt nach der Arbeitszeitordnung (AZO) für Frauen eine Höchstarbeitszeit von 8 Stunden (Ausnahmen gelten für Gastronomie, Friseurhandwerk, Gärtnereien, Apotheken, Krankenhäuser, Marktverkehr, Hotelgewerbe, Badeanstalten). Wenn Sie z. B. als Friseuse tätig sind, dürfen Sie im Friseursalon höchstens eine Stunde mehr als die täglich festgelegte Arbeitszeit mit Aufräum- oder Reinigungsarbeiten beschäftigt sein. Zwar hat das Bundesverfassungsgericht im Januar 1992 das Nachtarbeitsverbot für Arbeiterinnen aufgehoben. Solange kein neues Gesetz vorliegt, dürfen nun auch Arbeiterinnen zwischen 20 und 6 Uhr arbeiten, wenn der Betriebs- bzw. Personalrat zustimmt. Ohne diese Zustimmung darf keine Arbeiterin Nachtarbeit leisten. Die Umsetzung einer Arbeiterin in die Nachtschicht – wenn sie sich nicht ausdrücklich damit einverstanden erklärt – ist verboten. Dies gilt selbst dann, wenn Betriebs- bzw. Personalrat der Umsetzung zugestimmt haben. Der Unternehmer kann dann nur im Zuge einer Änderungskündigung (Näheres siehe Kapitel 4) versuchen, die Umsetzung vorzunehmen.

Überstundenregelung. In den Tarifverträgen sind normalerweise die Lohn- und Gehaltszuschläge für Überstunden, aber auch für die Arbeit an Sonn- und Feiertagen festgelegt. In vielen Branchen ist es üblich, an Sonn- und Feiertagen neben den Zuschlägen als Ausgleich zusätzlich freie Tage zu gewähren. In Notfallsituationen müssen Sie übrigens immer Überstunden leisten. Als Notfall gilt z. B., wenn in einem Archiv etwa wegen eines Wasserrohrbruchs Mikrofilme gerettet werden müssen oder wenn in einem Lebensmittelgeschäft durch den Ausfall einer Tiefkühltruhe Ware verderben könnte. Überstunden müssen grundsätzlich vom Betriebs- oder Personalrat vorher genehmigt werden, sonst können Sie sie verweigern. Auch bei Überstunden gilt übrigens die gesetzlich vorgeschriebene Arbeitszeit von höchstens 10 Stunden täglich.

Ruhepausen. Sie sind für Frauen ebenfalls gesondert vorgeschrieben: Bei einer Arbeitszeit von mehr als viereinhalb Stunden dürfen Sie innerhalb der Arbeitszeit auf angemessenen Pausen bestehen. Angemessen heißt nach der AZO: mindestens 20 Minuten bei mehr als viereinhalb und bis zu 6 Stunden Arbeit, 30 Minuten bei 6 bis 8 Stunden; 45 Minuten bei 8 bis 9 Stunden, 60 Minuten bei mehr als 9 Stunden Arbeitszeit. Ruhepausen gelten nur dann als solche, wenn sie mindestens eine Viertelstunde dauern. Ausnahmen gelten hier für das Dienstleistungsgewerbe. Weitere Informationen erhalten Sie vom zuständigen Gewerbeaufsichtsamt.

Ihr Urlaubsanspruch. Er ist einerseits im Bundesurlaubsgesetz geregelt und andererseits in den für Sie gültigen Tarifverträgen. Nach dem Gesetz stehen Ihnen 18 Werktage zu, wobei Sonn- und Feiertage nicht als Werktage zählen – wohl aber der Samstag. In vielen Tarifverträgen gilt der Sonnabend nicht mehr als Arbeitstag. Den vollen Urlaubsanspruch erwerben Sie übrigens erstmalig, wenn das Arbeitsverhältnis sechs Monate bestanden hat. Sie haben das Recht, Ihren Urlaub zusammenhängend zu nehmen – also auch, wenn Sie nach dem Tarifvertrag 30 Tage Urlaub haben und somit sechs Wochen »am Stück« Ferien machen. Dringende betriebliche Gründe können dagegen stehen – doch zwölf zusammenhängende Tage müssen Ihnen auf jeden Fall eingeräumt werden.

Probezeit. Sie beträgt normalerweise zwischen einem und sechs Monaten. Unter bestimmten Umständen kann die Probezeit, wenn sie kürzer als sechs Monate ist, auf ein halbes Jahr verlängert werden, nämlich dann, wenn sich Ihre Leistungen noch nicht recht einschätzen lassen. Wird Ihre Probezeit z. B. von drei auf sechs Monate erhöht, sollten Sie dies als Warnsignal betrachten und sich entweder besonders anstrengen oder aber mal nachfragen, ob man mit Ihren Leistungen nicht zufrieden ist. Über sechs Monate hinaus darf die Probezeit nur dann verlängert werden, wenn Sie oft oder für längere Zeit krank waren. Auch dann kann Ihre Arbeit kaum richtig beurteilt werden.

Kündigungsfristen. Grundsätzlich gilt: Sie können das Arbeitsverhältnis unter Einhaltung der Kündigungsfristen immer kündigen. Etwas anderes gilt nur für befristete Verträge, die automatisch – ohne Kündigung – auslaufen. Die Grundkündigungsfrist für Arbeitnehmer und Arbeitgeber beträgt grundsätzlich vier Wochen zum 15. des Monats oder zum Monatsende (mehr dazu in Kapitel 6).

Beschreibung Ihrer Tätigkeit.

Sonderregelungen. Dazu zählt z. B. die Erstattung Ihrer Umzugskosten sowie die Rückzahlung dieser Kosten, falls Sie innerhalb einer bestimmten Zeit wieder aus der Firma ausscheiden.

Wettbewerbsverbot für die Zeit nach Beendigung des Arbeitsverhältnisses. Das bedeutet, daß Ihr jetziger Arbeitgeber vermeiden möchte, daß Sie im Anschluß an Ihr Ausscheiden aus seiner Firma direkt zur Konkurrenz wechseln.

Ausschluß- und Verfallklauseln. Darin ist z. B. festgelegt, wie lange Sie Lohn- und Urlaubsansprüche geltend machen können.

Einem Arbeitsvertrag müssen Sie nicht sofort und auf der Stelle zustimmen. Sie können auch Änderungswünsche äußern. Je nachdem, welche Stellung Sie in der neuen Firma haben werden, wird man mit Ihnen dann über bestimmte Passagen neu verhandeln. Erst dann schicken Sie den Arbeitsvertrag unterschrieben zurück.

Nun stehen Sie bald vor Ihrem ersten Arbeitstag in der Firma. Welche Rechte und Pflichten Sie als Arbeitnehmerin haben, erfahren Sie im nächsten Kapitel.

Kapitel 4:
Meine Rechte und Pflichten als Arbeitnehmerin

Nicht nur im Grundgesetz, auch im Betriebsverfassungsgesetz (§ 75 Abs. 1) ist der Grundsatz der Gleichberechtigung von Frauen und Männern festgelegt. Arbeitgeber und Betriebsrat (oder Personalrat) müssen gemeinsam dafür Sorge tragen, daß Frauen und Männer den gleichen tariflichen Lohn, die gleichen Zulagen und die gleiche betriebliche Altersversorgung bekommen. So steht's im Gesetz. Die Realität – wie schon ganz am Anfang gesagt – hinkt jedoch hinter diesen gesetzlichen Vorschriften weit her.

Als Arbeitnehmerin sind Sie beim beruflichen Aufstieg grundsätzlich schlechter dran als ein Mann. In Führungspositionen finden sich kaum Frauen; übrigens nicht nur im mittleren oder gar gehobenen Management, sondern bereits weit darunter in der Hierarchie. Entsprechend ihrer Erwerbsbeteiligung müßte es z. B. wesentlich mehr Vorarbeiterinnen geben, als dies tatsächlich der Fall ist.

Zahlen sprechen auch hier wieder eine deutliche Sprache:

- 38 Prozent der Frauen, aber nur 24 Prozent der Männer arbeiteten (Stand 1991) auf der untersten Hierarchiestufe (als untergeordnete Bürokraft, angelernte Arbeiter/Arbeiterin).
- Der Anteil der Männer in Führungspositionen (einschließlich Meister/Meisterin) lag im selben Jahr bei 23 Prozent, der Frauenanteil dagegen bei 11 Prozent, also nicht einmal halb so hoch.

Im weiteren Berufsleben sind Frauen ebenfalls benachteiligt. Von Anfang an werden sie oft in die falsche tarifliche Lohngruppe eingruppiert. Diese untersten Lohngruppen (»Leichtlohngruppen«) wurden vor Jahrzehnten speziell für »körperlich leichte Arbeit« eingerichtet. Damals sicher zu Recht: Man unterschied eben die Qualifikation am Arbeitsplatz vor allem danach, ob schwere oder leichte körperliche Arbeiten zu verrichten waren.

So mancher Unternehmer ist nicht bereit, davon abzurücken, daß Leichtlohngruppen ausschließlich für Frauen eingerichtet wurden – ohne zu bedenken, daß sich die Arbeitsbedingungen gewaltig verändert haben, daß heutzutage viel weniger schwere körperliche Arbeit zu leisten ist. Heute müßte man ganz andere Klassifizierungen finden, weil schwere Arbeit auch solche sein kann,

- die die Nerven belastet,
- die zu ungewöhnlichem Streß führt,
- die besonders monoton ist,
- die mit extremem Lärm verbunden ist,
- die besondere Fingerfertigkeit und Schnelligkeit verlangt.

In vielen Tarifverträgen wird diesen »modernen« Arbeitsbedingungen auch schon Rechnung getragen; die Leichtlohngruppen verschwinden immer mehr von der Bildfläche.

(Quellen: ibv, Arbeitsmarktreport Januar 1994, BMA)

Benachteiligungsverbot – Gleichbehandlungsgebot

Es beginnt schon bei der Einstellung: Zwar gibt es das Verbot der Benachteiligung, zwar müssen alle Stellenausschreibungen für Männer gleichermaßen wie für Frauen formuliert sein. Doch im wirklichen Leben sieht es anders aus. Leider wird es im einzelnen nur schwer nachzuweisen sein, daß ein Unternehmer eine Bewerberin – ob als Buchhalterin oder als Abteilungsleiterin – nur deshalb nicht einstellt, weil sie weiblich ist. Ausreden gibt es immer, der männliche Bewerber hat eben dann z. B. bessere Qualifikationen vorzuweisen.

Karriere – das ist für Frauen meist nicht drin. Auch in der betriebsinternen Hierarchie kommt es nämlich ständig zu Benachteiligungen: Frauen werden weniger befördert, erreichen weniger oft gehobene Positionen.

Beim Gehaltsgefüge sieht es nicht anders aus: Frauen erhalten weniger an Zulagen oder an freiwilligen übertariflichen Leistungen. Es ist leider sehr schwierig, dies im Einzelfall jeweils zu beweisen. Kein Vorgesetzter wird offen zugeben, daß er Ihnen deshalb weniger bezahlt als Ihrem männlichen Kollegen, weil Sie eine Frau sind.

Es bleibt Ihnen dann nur der Weg zum Betriebsrat (Personalrat) oder zur Gewerkschaft. Unter Umständen werden Sie Ihre Ansprüche – so sie berechtigt sind – dann nur mit Hilfe des Arbeitsgerichts durchsetzen können.

Im Bürgerlichen Gesetzbuch (BGB) § 611 a Absatz 1 ist geregelt, daß niemand wegen seines Geschlechts benachteiligt werden darf. Im dritten Satz dieses Absatzes findet sich eine Vorschrift, die Ihnen – wenn Sie sich als Frau benachteiligt fühlen – weiterhelfen kann. Dort steht nämlich, daß es bereits genügt, daß Sie als Arbeitnehmerin die »Tatsachen glaubhaft« machen, »die eine Benachteiligung wegen des Geschlechts vermuten lassen«. Der Arbeitgeber muß dann beweisen, daß die unterschiedliche Behandlung – etwa zwischen Ihnen und einem männlichen Kollegen – nicht geschlechtsbezogen ist, sondern ganz sachliche Gründe hat. Viele Frauen scheuen den Weg zum Arbeitsgericht. Doch das ist falsch! Eine ganze Reihe von Frauen hat bereits mit Erfolg ihr Recht vor Gericht erstritten und hat trotzdem am Arbeitsplatz später nicht darunter leiden müssen.

Übrigens gibt es mittlerweile in vielen Bundesländern und auch Gemeinden spezielle Behörden, die sich mit der Gleichstellung von Frauen und Männern im Beruf befassen. (Eine Adressenliste finden Sie in Kapitel 10.) Der arbeitsrechtliche Gleichbehandlungsgrundsatz verbietet es nicht, selbst für die gleiche Arbeit unterschiedliche Lohnhöhen zu vereinbaren. Jedoch darf niemand ohne sachlichen Grund bei einer allgemeinen Lohnerhöhung oder bei allgemeinen freiwilligen Sozialleistungen ausgeschlossen werden.

(Quelle: BMA)

Das Arbeitsrecht ist das Sonderrecht aller Arbeitnehmer – ganz gleich, ob Sie als Arbeiterin, Angestellte oder Heimarbeiterin Ihr Geld verdienen. Wie schon erwähnt, gibt es bei uns in der Bundesrepublik kein einzelnes Gesetzeswerk, das alle Vorschriften zum Arbeitsrecht umfaßt. Man findet vielmehr in allen möglichen Gesetzen auch Regelungen zum Arbeitsrecht:

- Arbeitsförderungsgesetz
- Arbeitsplatzschutzgesetz
- Arbeitsstättenverordnung
- Ausbildungsförderungsgesetz
- Berufsbildungsgesetz
- Beschäftigungsförderungsgesetz
- Betriebsverfassungsgesetz
- Bundeserziehungsgeldgesetz
- Bundesurlaubsgesetz
- Bürgerliches Gesetzbuch
- Entgeltfortzahlungsgesetz
- Feiertagslohnzahlungsgesetz
- Gewerbeordnung
- Grundgesetz
- Heimarbeitsgesetz
- Jugendarbeitsschutzgesetz
- Kündigungsschutzgesetz
- Lohnfortzahlungsgesetz
- Mindestarbeitsbedingungengesetz
- Mitbestimmungsgesetz
- Mutterschutzgesetz
- Schwarzarbeitsgesetz
- Schwerbehindertengesetz
- Tarifvertragsgesetz
- Vermögensbildungsgesetz

Eine ganz schön lange Liste, nicht wahr? Und sie ist nicht einmal unbedingt vollständig. Als einzelner kann man sich gar nicht in allen Bereichen auskennen. Deshalb sollten Sie sich – wenn Sie Informationen zu einem bestimmten Thema brauchen – immer zunächst an den Betriebs- oder Personalrat oder gleich an die Gewerkschaft wenden. Dort sitzen in jedem Fall Experten, die Ihnen mit Rat und Tat zur Seite stehen.

Rechte und Pflichten von A bis Z

Abzüge. Der Arbeitgeber ist gesetzlich verpflichtet, Lohn- und Kirchensteuer sowie die Arbeitnehmeranteile der Beiträge zu den Sozialversicherungen (Renten-, Kranken- und Pflegeversicherung) sowie der Bundesanstalt für Arbeit (Arbeitslosenversicherung) einzubehalten. Außerdem müssen Sie sich darauf verlassen können, daß Ihr Boß Steuern und Sozialversicherungsbeiträge richtig berechnet und an das Finanzamt bzw. die Krankenkasse abführt.

Arbeitspflicht. Darunter versteht man, daß jeder Arbeitnehmer die Arbeit persönlich zu leisten hat (wenn nichts anderes vereinbart ist). Sie können sich also nicht durch andere vertreten lassen. Sie sind allerdings dann auch nicht dafür zuständig, sich um eine Vertretung zu bemühen, wenn Sie etwa krank oder in Urlaub sind. Ihre Arbeitsleistungen stehen Ihrem Boß auch persönlich zu, das heißt, er darf sie nicht an einen anderen Arbeitgeber übertragen, Sie als Sekretärin oder Buchhalterin sozusagen »ausleihen«. Ein Leiharbeitsverhältnis ist immer nur dann zulässig, wenn Sie als Arbeitnehmerin dem zustimmen.

Das Arbeitsverhältnis endet – so brutal dies klingt – beim Tod des Arbeitnehmers. Die Erben sind verpflichtet, Arbeitsmaterialien des Verstorbenen an den Arbeitgeber zurückzugeben. Noch nicht erfüllte Lohnansprüche des Verstorbenen gehen an die Erben über – das heißt, der Unternehmer muß den Erben noch offenstehendes Gehalt, Urlaubs- oder Weihnachtsgeld ausbezahlen.

Arbeitsort. Normalerweise ist die Arbeitsstätte der Betrieb, in dem Sie arbeiten. Bei Außenarbeiten muß der Unternehmer auf Ihre Interessen Rücksicht nehmen:
- Auslandseinsätze müssen vorher ausdrücklich vereinbart werden.
- Selbst die Versetzung in eine andere Stadt muß man vorher mit Ihnen absprechen und Sie um Ihre Zustimmung bitten.
- Versetzungen innerhalb einer Stadt sind dagegen grundsätzlich zumutbar, wenn damit keine besonderen Belastungen verbunden sind. In einer Großstadt wird dies sicher je nach Versetzungsort gesondert vereinbart werden müssen, wenn Sie z. B. mehr als doppelt so lange zu Ihrem Arbeitsplatz fahren müssen als vorher.

Arbeitssoll. Als Arbeitnehmerin sollen Sie Ihre Arbeit nach Ihren Fähigkeiten und Kräften innerhalb der Arbeitszeit erledigen. Sie dürfen weder bewußt zu wenig arbeiten noch kann der Arbeitgeber verlangen, daß Sie mit Ihren Kräften Raubbau treiben.

Arbeitsschutz. In den Arbeitsschutzvorschriften ist genau festgelegt, welche Auflagen der Arbeitgeber erfüllen muß, damit Sie als Arbeitnehmerin gegen Gefahren für Leben und Gesundheit geschützt sind. Arbeitsräume, Arbeitsmittel und Arbeitsablauf müssen entsprechend gestaltet sein. Verstößt Ihr Arbeitgeber gegen diese Vorschriften, können Sie die Arbeit verweigern; Sie sind nämlich nicht verpflichtet, unter gesetzwidrigen Bedingungen zu arbeiten. Gesundheitsschutz am Arbeitsplatz kann den Arbeitgeber auch verpflichten, ein Rauchverbot zu verhängen.

Arbeitszeit. Sie wird durch die Arbeitszeitordnung und bestimmte Gesetze mit Arbeitszeitvorschriften geregelt. Im diesem Rahmen bestimmen dann Tarifvertrag, Betriebsvereinbarung und Einzelarbeitsvertrag die Dauer Ihrer Arbeitszeit. (Im vorangegangenen zweiten Kapitel finden Sie beim Thema Arbeitsvertrag die wichtigsten

Bestimmungen.) Der Arbeitgeber hat allerdings das Recht, im Rahmen der vereinbarten und betriebsüblichen Arbeitszeit die Wochenstunden auf einzelne Tage zu verteilen. Beginn, Ende und Pausen kann er ebenfalls festlegen – immer mit dem Blick auf die gesetzlichen Mindestanforderungen. Trotz Weisungsrecht (siehe unten) darf der Arbeitgeber jedoch keine unzumutbaren Arbeitszeiten festlegen.

Arztbesuch. Prinzipiell gilt der Grundsatz, daß Sie Arztbesuche in der arbeitsfreien Zeit machen sollten. Vor allem teilzeitbeschäftigten Frauen wird dies immer wieder nahegelegt. Es gibt aber Ausnahmen:
- wenn Ihr Arzt seine Sprechstunden nur innerhalb Ihrer Arbeitszeit hat,
- wenn Sie akute Beschwerden haben,
- wenn Ihr Arzt auf absehbare Zeit einen Termin nur in Ihrer Arbeitszeit vergeben kann.

Aufwendungsersatz. Ihr Arbeitgeber muß Ihnen alle Aufwendungen ersetzen, die Sie im Rahmen Ihrer Arbeit gemacht haben und den Umständen nach erforderlich waren. Dazu gehören z. B. Reisespesen oder Auslagen zur Beschaffung von Werkzeugen.

Beschäftigungspflicht. Als Arbeitnehmerin sind Sie nicht nur verpflichtet zu arbeiten, sondern Sie haben auch ein Recht darauf, beschäftigt zu werden. Sie können also nicht so ohne weiteres von Ihrer Arbeit suspendiert werden. Eine längere Freistellung von der Arbeit kann nämlich – das hat der Gesetzgeber klargemacht – »eine in der Persönlichkeit verletzende und die Ehre kränkende Zumutung« sein. Eine vorübergehende *Freistellung* von der Arbeit – unter Fortzahlung Ihrer Bezüge – ist nur dann erlaubt, wenn besondere schutzwürdige Interessen des Arbeitgebers dies erfordern. Selbst während eines Kündigungsrechtsstreits (siehe Seite121) haben Sie als gekündigte Arbeitnehmerin Anspruch auf Weiterbeschäftigung – nicht nur so lange, bis die Kündigungsfrist abgelaufen ist, sondern unter bestimmten Umständen sogar bis zum rechtskräftigen Ende des Kündigungsschutzprozesses.

Bildungsurlaub. In manchen Bundesländern haben Sie Anspruch auf zusätzlichen Bildungsurlaub – bis zu fünf Tagen pro Kalenderjahr. (Diesen Anspruch gibt es nicht in Bayern, Baden-Württemberg, Brandenburg, Mecklenburg-Vorpommern, Rheinland-Pfalz, Sachsen und Thüringen.) In diesen fünf Tagen können Sie sich fortbilden – es müssen allerdings Kurse oder Lehrgänge sein, die entsprechend als Bildungsurlaub anerkannt werden. Während dieser Zeit bekommen Sie weiterhin Lohn oder Gehalt. Anspruch auf Bildungsurlaub haben Sie nach sechs Monaten Betriebszugehörigkeit. Sie müssen Ihren Arbeitgeber rechtzeitig – das ist üblicherweise mindestens sechs Wochen vorher – informieren.

Fürsorgepflicht. Ihr Arbeitgeber muß Sie auf Grund seiner Fürsorgepflicht davor schützen, von Vorgesetzten ungerecht behandelt zu werden. Er muß Sie auch vor rechtswidrigen Handlungen seitens der Arbeitskollegen in Schutz nehmen – ganz gleich, ob es sich um Beleidigungen, Hänseleien oder sogar Körperverletzungen handelt. Natürlich wird das in der Praxis nicht immer leicht durchzuführen sein. Mehr zum Thema Mobbing lesen Sie im Kapitel 8.

Gehalts- und Lohnzahlung. Der Arbeitgeber muß Ihnen für Ihre Arbeit Lohn oder Gehalt zahlen. Wenn Sie beide tarifgebunden sind (also der Unternehmer im entsprechenden Arbeitgeberverband und Sie als Arbeitnehmerin gewerkschaftlich organisiert sind), gelten die Vergütungsvereinbarungen des Tarifvertrags (wie schon in Kapitel 3 erwähnt: Kein Arbeitgeber kann es sich heutzutage leisten, Tariferhöhungen wirklich nur an die gewerkschaftlich Organisierten seiner Firma zu zahlen. Auch unorganisierte Kollegen und Kolleginnen kommen so in den Genuß der Tariflöhne). Der Tarifvertrag gilt unmittelbar und zwingend. Tariflöhne sind Mindestlöhne, keine Festlöhne. Weniger darf Ihr Arbeitgeber nicht bezahlen, mehr kann er bezahlen. Gesetzliche Mindestlöhne gibt es bei uns nicht. Bei allen Fragen der betrieblichen Lohngestaltung hat der Betriebsrat übrigens Mitbestimmungsrecht, soweit keine tariflichen Regelungen bestehen.

Empfangsberechtigt für Lohn und Gehalt sind grundsätzlich Sie selbst als Arbeitnehmerin. Es sei denn, Sie hätten einen Teil Ihres Lohns oder Gehalts an Dritte abgetreten (»Lohnpfändung«, »Gehaltspfändung«) oder einen Dritten zur Empfangnahme bevollmächtigt. Das gilt auch dann, wenn Sie noch minderjährig sind. Allerdings können Ihre Eltern diese Ermächtigung zurücknehmen oder einschränken.

Gehalts-/Lohnabrechnung. Sie haben Anspruch auf eine Lohn- bzw. Gehaltsabrechnung, die Sie verstehen können. Viele Gehaltsstreifen sind für den Laien nur schwer durchschaubar. Scheuen Sie sich nicht, sich Ihren Lohnzettel von der Buchhaltung erklären zu lassen. Auf jeden Fall muß er Angaben über die Art, Berechnung und Höhe des Lohns sowie die Abzüge enthalten.

Lohnformen. Normalerweise erhalten Sie von Ihrem Arbeitgeber *Geldlohn.* Nur in Ausnahmefällen werden Arbeitsleistungen noch in *Naturallohn* bezahlt – z. B. bei der Seeschiffahrt, im Gaststättengewerbe oder bei Haushaltshilfen, die etwa »freie Kost und Logis« bekommen.

Grundsätzlich ist jedoch jeder Arbeitgeber verpflichtet, *Barlohn* zu bezahlen. Die heute fast überall übliche bargeldlose Lohnzahlung (also per Scheck oder Überweisung) erfolgt immer dann, wenn dies durch einen Tarifvertrag, eine Betriebsvereinbarung oder im Einzelvertrag festgelegt wurde.

Zeitlohn wird nach der Länge Ihrer Arbeitszeit bemessen. *Akkordlohn* wird bezahlt, wenn Sie ohne Rücksicht auf die Arbeitszeit nach dem erzielten Arbeitsergebnis entlohnt werden (wenn Sie also am Fließband pro gefertigtem Stück bezahlt werden und nicht nach der Dauer Ihrer Arbeitszeit). Man kennt auch die Mischform des *garantierten Mindestlohns*: Dabei wird ein bestimmter, nach der Arbeitszeit bemessener Mindestlohn garantiert.

Beim *Prämiensystem* erhalten Sie einen bestimmten Zeitlohn, für jedes darüber hinaus gefertigte Stück eine Prämie.

Unter *Provision* versteht man Ihre prozentuale Beteiligung am Wert der Geschäfte, die Sie als Arbeitnehmerin abgeschlossen oder vermittelt haben. Der Arbeitgeber muß die Provision monatlich, spätestens jedoch vierteljährlich abrechnen.

Gratifikationen sind Sonderzuwendungen zu besonderen Anlässen, etwa zu Weihnachten, zum Firmenjubiläum. Auf Gratifikationen besteht kein Rechtsanspruch, und ihre Höhe kann der Arbeitgeber selbst bestimmen.

Achtung: In manchen Branchen ist das sogenannte »Weihnachtsgeld« tariflich so verankert, daß es keine freiwillige Leistung des Arbeitgebers ist. Dann nennt man es »tarifliche Jahresleistung«.

Nicht immer – auch hier genügt ein Blick in den für Sie gültigen Tarifvertrag – gilt für Gratifikationen eine *Rückzahlungsklausel:* Das heißt, bei vorzeitiger Kündigung müßten Sie die Gratifikation normalerweise zurückzahlen. In der Regel muß eine Weihnachtsgratifikation, die weniger als ein Monatsgehalt, aber mehr als 200 Mark beträgt, dann zurückbezahlt werden, wenn Sie vor dem 31. März des Folgejahres kündigen.

Die *Gewinnbeteiligung* ist nicht direkt eine Lohnform. Dabei werden Sie als Arbeitnehmerin am Geschäftsergebnis des Unternehmens beteiligt. Darüber schließen Betriebsrat und Arbeitgeber eine Betriebsvereinbarung ab. Sie können dies aber auch in Ihrem Einzelarbeitsvertrag vereinbaren.

Lohnhöhe. Meist wird die Höhe der Löhne und Gehälter durch die

Tarifverträge der einzelnen Branchen festgelegt. Natürlich können Sie auch mehr Gehalt bekommen. Lassen Sie sich dies dann schriftlich im Arbeitsvertrag bestätigen.

Lohnfortzahlung

Bei Krankheit: Für die Dauer von sechs Wochen bekommen Sie auch bei einer Krankheit weiterhin Ihren Lohn oder Ihr Gehalt. Voraussetzung: Ihre Krankheit muß unverschuldet sein. Unverschuldet ist eine Krankheit auch dann, wenn Sie sich z. B. bei einem Sportunfall am Wochenende verletzt haben. Nur bei groben Verstößen kann die Lohnfortzahlung abgelehnt werden, wenn Sie z. B. betrunken Auto fahren, dabei einen Unfall haben und verletzt werden. Sterilisation und legaler Schwangerschaftsabbruch gelten als unverschuldete Arbeitsunfähigkeit.

Arbeitsunfähig sind Sie, wenn Sie nicht arbeiten können, ohne Ihren Gesundheitszustand zu verschlechtern. Natürlich benötigen Sie dafür ein Attest Ihres Arztes. Sie müssen Ihrem Arbeitgeber übrigens sofort mitteilen, daß Sie erkrankt sind. Woran Sie leiden, geht ihn allerdings nichts an, jedoch wie lange Ihre Erkrankung voraussichtlich dauern wird. Arbeiter müssen vor Ablauf des dritten Kalendertags nach Beginn der Arbeitsunfähigkeit eine ärztliche Bescheinigung einreichen. Für Angestellte gilt diese Frist zwar vom Gesetz her nicht, sie ist aber in vielen Tarifverträgen genauso geregelt.

Hat Ihr Arbeitgeber Zweifel an Ihrer Arbeitsunfähigkeit, teilt er dies auch der Krankenkasse mit. Die ist verpflichtet, die Arbeitsunfähigkeit durch den Medizinischen Dienst überprüfen zu lassen. Vom Betriebsarzt oder einem Vertrauensarzt des Unternehmers müssen Sie sich nicht untersuchen lassen. Verweigern Sie als Arbeiterin die Vorlage einer ärztlichen Bescheinigung, so kann der Arbeitgeber Ihnen den Lohn so lange verweigern, bis Sie ihm ein Attest nachreichen. Für Angestellte gilt dieses Leistungsverweigerungsrecht nicht, das heißt der Unternehmer muß Ihr Gehalt weiterbezahlen. Allerdings: Wenn

Sie sich mehrfach weigern, ein Attest nachzureichen, können Sie nicht nur abgemahnt, sondern sogar gekündigt werden.

Bei Kuren: Sechs Wochen lang muß Ihnen Ihr Arbeitgeber bei Kuren und Heilverfahren, die zur Erhaltung, Besserung oder Wiederherstellung der Erwerbsfähigkeit dienen, Gehalt und Lohn weiterbezahlen.

Bei persönlichen Hinderungsgründen: Ihr Lohn- und Gehaltsanspruch bleibt in bestimmten Fällen erhalten, wenn Sie ohne Ihr Verschulden an Ihrer vollen Arbeitsleistung gehindert sind. Solche Spezialfälle sind etwa

- Geburt und Sterbefall in Ihrer Familie,
- schwere Erkrankungen naher Angehöriger,
- die eigene Hochzeit,
- die eigene Silberhochzeit.

Anspruch auf Lohnfortzahlung besteht aber nicht, wenn Sie wegen Schneefalls nicht zur Arbeit kommen konnten oder wenn öffentliche Verkehrsmittel bestreikt wurden.

Manko-Haftung. Für ein Manko z. B. in der Kasse oder im Lager haften Sie als Arbeitnehmerin nur dann, wenn dies von Ihnen verschuldet und im Arbeitsvertrag keine andere Regelung getroffen wurde.

Mehrarbeit. Jede Arbeit, die über die gesetzlich zulässige »regelmäßige Arbeitszeit« von 8 Stunden je Werktag hinausgeht, nennt man Mehrarbeit. In den Arbeitszeitschutzbestimmungen ist genau festgeschrieben, wie der Umfang von Mehrarbeit auszusehen hat: Arbeitszeiten von insgesamt mehr als 12 Stunden sind durch die Arbeitszeitordnung verboten! (Näheres siehe auch Kapitel 3 – Arbeitsvertrag.) Für Mehrarbeit müssen Sie extra entlohnt werden: Das Gesetz sieht in der Regel einen Zuschlag von 25 Prozent zum regelmäßigen Lohn vor. Mehrarbeit kann aber auch durch zusätzliche Freizeit »bezahlt« werden. Auch die Freizeitstunden müssen dann um ein Viertel höher liegen, als die Mehrarbeitstunden ausmachten. Freizeitabgeltung muß mit Ihnen als Arbeitnehmerin vereinbart werden, der Arbeitgeber darf sie nicht einseitig anordnen.

Nebenbeschäftigungen. Grundsätzlich dürfen Sie mehrere Arbeitsverhältnisse abschließen oder auch nebenher selbständig arbeiten, solange sich diese Tätigkeiten nicht zeitlich überschneiden. Doch Vorsicht – es gibt Ausnahmen:

- Wenn Sie sich im Arbeitsvertrag verpflichtet haben, Nebentätigkeiten zu unterlassen;
- wenn Sie Ihrem Arbeitgeber unlautere Konkurrenz machen;
- wenn Ihre Arbeitskraft darunter leidet und
- wenn Sie die gesetzlich vorgeschriebene Höchstarbeitszeit (10 Stunden täglich) nicht überschreiten (und dabei sind die Zeiten aller Arbeitsverhältnisse zusammenzurechnen).

Wenn Sie krank – arbeitsunfähig – geschrieben sind, dürfen Sie Ihren Nebentätigkeiten dennoch nachgehen. Bedingung: Der Heilungsprozeß wird dadurch nicht verzögert, und der Arzt muß bescheinigen, daß Sie für Ihre Nebentätigkeiten nicht auch arbeitsunfähig sind. Wer zwei oder mehrere Arbeitsverhältnisse eingeht, hat bei Arbeitsunfähigkeit grundsätzlich gegen alle Arbeitgeber Anspruch auf Lohnfortzahlung. Auch Urlaubsansprüche und das Kündigungsschutzgesetz gelten für alle Nebenbeschäftigungen.

Persönlichkeitsrechte. Ihre persönlichen Daten zum Zweck der Betriebsführung darf Ihr Arbeitgeber zwar erheben und auch verwenden. Trotzdem gilt auch im Betrieb Datenschutz: Nur mit Ihrem Einverständnis (Recht auf »informationelle Selbstbestimmung«) dürfen diese persönlichen Daten weitergegeben werden. Personalakten müssen sorgfältig aufbewahrt werden und dürfen nicht jedem zugänglich sein. Sie haben übrigens jederzeit das Recht, Ihre eigene Personalakte einzusehen. Sogenannte »sensible Daten« (z. B. über den körperlichen, geistigen und seelischen Gesundheitszustand, Aussagen über Ihre Persönlichkeit) müssen besonders geschützt werden. Ihr Arbeitgeber hat in bezug auf Ihr Einkommen, Ihren Gesundheitszustand oder Ihre persönlichen Verhältnisse Stillschweigen zu bewahren. Ausdrücklich gilt diese Verschwiegenheitspflicht bei

- Kenntnis Ihrer Schwangerschaft,
- geschützten personenbezogenen Daten (Bundesdatenschutzgesetz),
- Arbeitnehmererfindungen.

Verletzt Ihr Arbeitgeber diese Verschwiegenheitspflicht auch nur fahrlässig, kann er zum Schadenersatz herangezogen werden. Dies gilt auch für Personen, die er beauftragt hat, mit diesen »sensiblen Daten« umzugehen.

Pfändungsschutz. Kommen Sie Ihren finanziellen Verpflichtungen nicht nach, so kann Ihr Gläubiger unter bestimmten Umständen einen Teil Ihres Lohns oder Gehalts pfänden lassen. Voraussetzung ist ein vollstreckbares Gerichtsurteil, ein Pfändungs- und Überweisungsbeschluß. Bestimmte Bezüge sind absolut unpfändbar (z. B. die Reisespesen, Gefahren- und Schmutzzulagen) oder nur bedingt pfändbar. Die Pfändungsgrenze beim Lohn liegt derzeit bei 754 Mark monatlich, Je nach Anzahl der Personen, denen Sie Unterhalt (Kinder, Ehemann) schulden, wird diese Grenze angehoben. Den nicht pfändbaren Teil Ihres Lohn können Sie grundsätzlich nicht an einen Gläubiger abtreten.

Treuepflicht. Bei allen Rechtsverhältnissen, also auch im Arbeitsverhältnis, gilt der Grundsatz von »Treu und Glauben«, und der sollte durchaus keine leere Formel sein. Sie als Arbeitnehmerin sind verpflichtet, Ihre Arbeit so auszuführen, daß die Interessen des Arbeitgebers und seines Betriebs gewahrt sind.

Überstunden. Es ist umstritten, ob Sie als Arbeitnehmerin auch dann Überstunden leisten müssen, wenn dies nicht ausdrücklich in Ihrem Arbeitsvertrag festgehalten ist. Sie sind jedoch ohne festgeschriebene Vereinbarung auf keinen Fall zu Sonntags-, Feiertags-, Nacht- oder Schichtarbeit verpflichtet. Es ist ebenfalls umstritten, ob der Arbeitgeber allein auf Grund seines Weisungsrechts Überstunden anordnen kann. Grundsätzlich muß der Betriebsrat Überstunden vorher jedoch zustimmen. Sie müssen auf gar keinen Fall Überstunden machen, wenn dringende familiäre oder gesundheitliche Gründe dem entgegenstehen.

Urlaub. Sie haben in jedem Kalenderjahr Anspruch auf bezahlten Erholungsurlaub. Nach dem Bundesurlaubsgesetz stehen Ihnen dafür 18 Werktage zu. Durch die meisten Tarifverträge ist dieser Mindestanspruch allerdings überholt: Durchschnittlich haben die Arbeitnehmer und Arbeitnehmerinnen in der Bundesrepublik heute 29 Werktage Urlaub. Selbstverständlich können Sie in Ihrem Arbeitsvertrag auch noch günstigere Regelungen treffen. Auch Teilzeitbeschäftigte haben übrigens Urlaubsanspruch (Näheres siehe Kapitel 5). Schwerbehinderte Frauen haben – nach dem Schwerbehindertengesetz – fünf Tage Urlaub zusätzlich pro Jahr.

Wenn Sie neu in der Firma sind, haben Sie zum erstenmal nach sechs Monaten Anspruch auf den vollen Urlaub. Arbeiten Sie kürzer als ein halbes Jahr im Betrieb, haben Sie Anspruch auf anteiligen Urlaub: pro Monat ein Zwölftel, das allerdings nur für volle Beschäftigungsmonate gewährt wird.

Sie dürfen Ihren Urlaub »am Stück« nehmen – selbst wenn Ihrem Boß das nicht in den Kram paßt. Nur wenn dringende betriebliche Gründe dagegen stehen, kann es Ihnen verwehrt werden, Ihren gesamten Urlaub auf einmal zu nehmen. Grundsätzlich bestimmt der Arbeitgeber den Zeitpunkt Ihres Urlaubs. Das ist z. B. dann wichtig, wenn Sie in einem Betrieb arbeiten, der Werksferien macht. Sie müssen Ihren Urlaub dann in dieser Zeit nehmen. Allerdings: Der Unternehmer ist nach dem Gesetz auch gehalten, Ihre Wünsche zur Urlaubsplanung zu berücksichtigen. Und er muß die Festlegung der Betriebsferien mit dem Betriebsrat vereinbaren. Dieser hat nämlich dabei Mitbestimmungsrecht.

Urlaub kann Ihnen prinzipiell nur dann verweigert werden, wenn »wichtige betriebliche Belange« entgegenstehen. Das wären z. B. unaufschiebbare Terminaufträge oder der Umzug Ihrer Abteilung oder Firma in ein anderes Gebäude.

Ohne Zustimmung Ihres Arbeitgebers dürfen Sie überhaupt nicht in Urlaub gehen. Es ist auch nicht erlaubt, den Urlaub eigenmächtig zu verlängern – das kann sogar Grund für eine fristlose Kündigung sein. Ist Ihr Urlaub jedoch einmal fest vereinbart, so darf Ihr Chef ihn nicht mehr verschieben – nur wenn es wirklich dringende betriebliche Gründe gibt. Dies kann z. B. die Erkrankung eines Kollegen sein. Dann müssen Ihnen aber sämliche Auslagen (Stornogebühren beim Reisebüro, höhere Preise wegen Hochsaison etc.) erstattet werden. Sie sollen – so sieht es das Gesetz vor – Ihren Urlaub im laufenden Kalenderjahr nehmen. Die Übertragung der Resturlaubstage auf das nächste Kalenderjahr ist nur dann gestattet, wenn es Ihnen aus betrieblichen oder persönlichen Gründen nicht möglich war, den gesamten Urlaub zu nehmen. Auch dann müssen Sie die Resttage bis 31. März (im öffentlichen Dienst bis 30. April) des kommenden Jahres »abgefeiert« haben – sonst verfällt Ihr Anspruch darauf. Auch wenn Sie Ihren Urlaub nicht antreten, obwohl es der Arbeitgeber angeordnet hat, haben Sie keine Urlaubsansprüche mehr.

Ausnahme: Wenn Sie Erziehungsurlaub beantragt haben. Näheres siehe Kapitel 5.

Sie sind während des Urlaubs krank geworden? Wenn Sie ein ärztliches Attest haben, werden Ihnen Krankheitstage nicht auf den Urlaub angerechnet. Kuren oder Schonzeiten gelten ebenfalls nicht als Urlaub. Haben Sie schon Ihren gesamten Urlaub »aufgebraucht«, benötigen aber dringend für persönliche Angelegenheiten freie Tage, so können Sie mit Ihrem Arbeitgeber unbezahlten Urlaub vereinbaren.

Ihren Urlaub können Sie sich übrigens nicht einfach »auszahlen« lassen (nur bei einer Kündigung – siehe Kapitel 6 – gibt es andere Regelungen). Laut Gesetz sollen Sie sich in dieser Zeit nämlich erholen – Sie dürfen eigentlich auch keinen Urlaubsjob annehmen.

Urlaubsgeld. Das Urlaubsgeld ist gesetzlich nicht vorgeschrieben. Aber in fast allen Tarifverträgen (94 Prozent) ist zusätzlich zum Lohn oder Gehalt ein Urlaubsgeld vereinbart worden.

Verschwiegenheitspflicht. Als Arbeitnehmerin sind Sie grundsätzlich verpflichtet, über betriebsinterne Dinge zu schweigen. Sie können sogar zum Schadenersatz herangezogen werden, wenn Sie

- Tatsachen preisgeben, die im Zusammenhang mit dem Geschäftsbetrieb stehen, die nur einem eng begrenzten Personenkreis bekannt und nicht offenkundig sind und die nach dem Willen des Arbeitgebers und im Rahmen eines berechtigten wirtschaftlichen Interessen geheimgehalten werden sollen. Dazu zählen z. B. Bilanzen, Kunden- und Preislisten, Kreditwürdigkeit des Betriebs.
- persönliche Umstände oder Verhaltensweisen Ihres Arbeitgebers preisgeben, wenn dieser durch die Bekanntgabe geschädigt oder in der öffentlichen Meinung herabgewürdigt wird. Selbst wenn Ihr Boß jeden Tag betrunken in die Firma torkelt, geht das außerhalb der Firma niemanden etwas an.

Verletzen Sie Ihre arbeitsrechtliche Verschwiegenheitspflicht, können Sie sogar entlassen werden. Rechtlich umstritten ist, inwieweit Sie noch an die Verschwiegenheitspflicht gebunden sind, wenn Sie aus dem Betrieb ausgeschieden sind. Hier gibt es allerdings eine Sonderregelung für Mitglieder des Betriebsrats: Sie sind über das Ende des Arbeitsverhältnisses hinaus zur Verschwiegenheit über Geschäfts- und Betriebsgeheimnisse verpflichtet (§ 79 Betriebsverfassungsgesetz).

Verletzung der Arbeitspflicht. Kommen Sie als Arbeitnehmerin Ihrer Arbeitspflicht überhaupt nicht oder nur unzureichend nach oder verletzen Sie arbeitsrechtliche Nebenpflichten – also die Verschwiegenheitspflicht, das Wettbewerbsverbot oder die Treuepflicht –, so kann dies drei Folgen haben:

– Man kann Ihren Lohn mindern. Dies gilt dann, wenn Sie bewußt langsam oder schlecht arbeiten. Ein »schuldhaftes fehlerhaftes Arbeitsergebnis« dagegen berechtigt Ihren Arbeitgeber jedoch nicht, Ihren Lohn oder Ihr Gehalt zu kürzen.
– Man kann Ihnen kündigen. Bei schlechter Leistung oder der Verletzung von arbeitsrechtlichen Nebenpflichten kann der Arbeitgeber eine ordentliche oder in besonders schweren Fällen sogar eine außerordentliche (fristlose) Kündigung aussprechen.
– Man kann Sie zum Schadenersatz heranziehen. Grundsätzlich haften Sie als Arbeitnehmerin nämlich für alle Schäden, die Sie schuldhaft (auch fahrlässig) herbeiführen. Diese Haftung ist allerdings bei »schadens- oder gefahrengeneigter Arbeit« eingeschränkt: Wenn Sie als Busfahrerin unachtsam sind und einen Unfall verursachen, müssen Sie im Normalfall dafür nicht geradestehen. Ihre Haftung für Schäden entfällt bei fehlendem Verschulden oder leichtester Fahrlässigkeit. Bei Vorsatz dagegen oder grober Fahrlässigkeit sind Sie schadenersatzpflichtig. Bei normaler Fahrlässigkeit wird der Schaden in der Regel zwischen Arbeitgeber und Arbeitnehmer geteilt.

Weisungsrecht. Der Arbeitgeber hat Ihnen gegenüber ein Weisungsrecht. Dies ist in jedem Arbeitsvertrag enthalten. Sie müssen den Weisungen Ihrer Vorgesetzten Folge leisten, wenn diese nicht gegen die Vereinbarungen im Arbeitsvertrag verstoßen. So sind Sie z. B. nicht verpflichtet, in der Lohnbuchhaltung zu arbeiten, wenn Sie als Fachverkäuferin für Lebensmittel eingestellt wurden. Dazu bedürfte es einer Änderungskündigung von seiten Ihres Arbeitgebers. Auch die Zuweisung einer niedriger bezahlten Arbeit ist unzulässig – es sei denn, Ihr Arbeitsvertrag sieht eine solche Möglichkeit vor.

Die Ordnung im Betrieb unterliegt ebenfalls dem Weisungsrecht des Arbeitgebers. Dazu zählt z. B.

- ein Rauchverbot zum Schutz der Produktion oder der anderen Arbeitnehmer,
- das Tragen von Schutzkleidung,
- ein absolutes Alkoholverbot,
- Fragen der Telefonbenutzung.

Wettbewerbsverbot. Während Sie im Arbeitsverhältnis stehen, dürfen Sie nicht gegen Ihren Boß in Wettbewerb treten. Sie dürfen also nicht – wenn Sie z. B. in einer Versicherungsagentur arbeiten, in Ihrer Freizeit Kunden anwerben und diese somit Ihrem Arbeitgeber abspenstig machen. In manchen Branchen ist es üblich, auch über das Ende des Arbeitsverhältnisses hinaus ein Wettbewerbsverbot zu verhängen. Dies muß dann im Arbeitsvertrag festgehalten sein. Solch ein Verbot darf sich über höchstens zwei Jahre erstrecken; Ihr Arbeitgeber muß dafür dann auch Entschädigung leisten.

Zuschläge. Darunter versteht man Zahlungen für besondere Leistungen oder Belastungen. Für Überstunden z. B. sind Zuschläge dann zu bezahlen, wenn die regelmäßige betriebliche Arbeitszeit überschritten wird. Bei höheren Angestellten sind Überstunden in der Regel durch das normale Gehalt abgegolten. Bei Zuschlägen an Sonn- und Feiertagen gelten so gut wie immer tarifliche, betriebliche und einzelvertragliche Regelungen. Fehlen diese wirklich einmal, so können Sie im Zweifelsfall die orts- und branchenüblichen Zuschläge als vereinbart ansehen. In Berufen allerdings, in denen Sonn- und Feiertagsarbeit üblich ist (z. B. Gaststätten, Krankenhäuser, Pflegeheime, Dienstleistungsgewerbe), kann diese Arbeit durch den Lohn oder durch einen freien Wochentag abgegolten sein.

Zuschläge kann es auch – je nach Vereinbarung der Tarifpartner – geben

- für ungünstige Arbeitszeiten (Nachtarbeit, Spätschicht),
- für Erschwernisse (Schmutz- und Hitzezulagen, Montage),
- für Soziales (Ortszuschläge, Kinderzuschlag),
- für besondere Leistung.

Kapitel 5: Organisation ist alles: Beruf und Familie

Wahl zwischen Job und Familie

Frauen stehen heute nicht mehr – wie früher – vor der Alternative »Familie oder Beruf«. Dennoch gilt für Frauen immer noch als Regelfall, daß sie die Kinder aufziehen und um der Familie willen auf einen guten Job und Karriere verzichten. Es gibt aber auch schon Männer, die sich nicht mehr nur für den Beruf entscheiden, sondern versuchen, Karriere und Kinder zu vereinbaren. Einfach ist das nicht: Immer noch stoßen Männer auf Unverständnis, wenn sie sich um Erziehungsurlaub bemühen.

Die Familientätigkeit berufstätiger Frauen wirkt sich natürlich umgekehrt auch auf den Arbeitsmarkt aus. Viele Unternehmer sind der unumstößlichen Ansicht,

- daß Frauen wegen ihrer Familie nicht uneingeschränkt zur Verfügung stehen;
- daß Frauen früher oder später sowieso wegen Heirat und/oder Schwangerschaft und Familie »ausfallen«.

So schließt sich der Kreis: Frauen bekommen oft nur Jobs angeboten, die schlecht bezahlt sind, für die sie keine besondere Qualifikation benötigen, weil eben der Unternehmer die »Gefahr« eines frühzeitigen Ausscheidens wegen Heirat und Schwangerschaft sieht.

Sowohl in Arbeitswelt wie Familie herrscht noch zu wenig Partnerschaft: Berufstätige Frauen leiden unter der Doppelbelastung von Beruf und Haushalt. Arbeiten wie Putzen und Kochen, Waschen und

Bügeln sind eben nach Ansicht vieler Männer leider immer noch reine »Frauensache«. Frauen schaffen so manches, was kaum ein Mann auf sich nähme: Tagsüber, manchmal im Schichtbetrieb, arbeiten sie im Beruf; und in der knapp bemessenen Freizeit versorgen sie Haushalt, Kinder und Ehemann. Nicht wenige scheiden aus dem Beruf aus, um sich wenigstens einer Sache – nämlich der Familie – voll und ganz zu widmen. Gerade wenn die Kinder noch klein sind, entschließen sich viele Frauen, zu Hause zu bleiben, um als Hausfrau und Mutter für die Familie da zu sein. Ob eine Frau sich für den Beruf entscheidet, ist also auch vom Alter der Kinder abhängig. Viele Frauen wollen erst dann wieder arbeiten, wenn die Kinder »aus dem Gröbsten« heraus sind.

Später, wenn die Kinder etwas größer oder nicht mehr minderjährig sind, ist es für diese Frauen aber um so schwerer, in den Beruf zurückzukehren. Sie bekommen beim Wiedereinstieg kaum eine Chance; sie haben den Anschluß an technische Entwicklungen verpaßt, können die Erfordernisse nicht erfüllen, die im modernen Betrieb gestellt werden.

Es gibt einige Arbeitgeber, die von Unternehmerseite aus dafür sorgen wollen, daß die Doppelbelastung berufstätiger Frauen sich verringert. Doch die Regel ist das leider noch lange nicht. Versuche in dieser Richtung zeigen jedoch deutlich: Partnerschaft im Betrieb und selbstverständlich auch in der Familie klappt bestens, wenn der Unternehmer – und auch der Ehemann – mitspielen. Vereinzelt, in Großunternehmen, gibt es schon betriebliche Kindergärten und Tagesstätten, familienfreundliche Arbeitszeiten, die Möglichkeit eines echten Jobsharings zwischen den Ehepartnern oder die Arbeit zu Hause mit den modernsten Kommunikationsmitteln, die eine persönliche Anwesenheit am Arbeitsplatz in der Firma fast überflüssig macht. Studien aus Europa und den USA zeigen, daß in der Zukunft ein großer Teil der Arbeitnehmer von daheim aus ihre Arbeit für die Firma machen kann. Bei freier Zeiteinteilung, guter Bezahlung und perfekter Technik wird oft mehr Arbeit in kürzerer Zeit erledigt als am Schreibtisch im Betrieb.

Eine ganz besondere Problemgruppe unter den berufstätigen Frauen stellen alleinerziehende Mütter dar. Als Alleinerziehende haben sie die Entscheidungsmöglichkeit »Familie oder Beruf« nämlich nicht automatisch. Die Betreuung der Kinder können sie sich ja nicht mit einem Partner teilen. Sie sind darauf angewiesen, den Lebensunterhalt für sich und ihre Kinder zu verdienen. Ganz gleich, aus welchem Grund, ob verwitwet, geschieden oder unverheiratet: als alleinerziehende Mütter unterliegen Frauen ganz besonderen Belastungen.

Nach den neuesten Zahlen des Statistischen Bundesamts in Wiesbaden erziehen in den neuen Bundesländern 445 000 Frauen – das sind 21 Prozent aller Mütter – ihre Kinder ohne Väter. In den alten Bundesländern ist diese Prozentzahl niedriger: 13 Prozent alleinerziehende Mütter (915 000) sind hier statistisch festgehalten. Von den bundesweit 9 260 000 Müttern minderjähriger Kinder sind insgesamt 1,4 Millionen – das sind 14 Prozent – alleinerziehend.

Schwangerschaft und Geburt eines Kindes – welche Regelungen kennt das Arbeitsrecht?

Während und nach der Schwangerschaft gelten für Sie als Arbeitnehmerin besondere Schutzbestimmungen. Sie dienen der Gesundheit und dem Schutz des Kindes. Das Mutterschutzgesetz gilt grundsätzlich für alle schwangeren Arbeitnehmerinnen, selbst Heimarbeiterinnen werden davon nicht ausgenommen.

Mitteilungspflicht. Als werdende Mutter sollten Sie – das schreibt auch das Mutterschutzgesetz vor – Ihren Arbeitgeber so schnell wie möglich informieren. Auch den mutmaßlichen Tag der Entbindung sollten Sie ihm gleich mitteilen – am besten schriftlich. Ihr Chef kann auch verlangen, daß Sie ihm ein ärztliches Zeugnis (oder das Attest einer Hebamme) vorlegen. Er muß die Aufsichtsbehörde sowie den Betriebs- bzw. Personalrat zwar über Ihren Zustand informieren, hat aber sonst Verschwiegenheitspflicht (siehe auch Kapitel 4 – Rechte und Pflichten).

Im Mutterschutzgesetz ist eindeutig festgehalten, daß Sie als Schwangere nicht nur vor gesundheitlichen Gefahren geschützt werden müssen, sondern daß Ihnen durch Ihren Zustand keinerlei Lohn- oder Gehaltseinbußen entstehen dürfen, daß Sie auch wegen einer Schwangerschaft nicht gekündigt werden können. Es gilt sogar ein Kündigungsverbot für Schwangere und Stillende.

Beschäftigungsverbot. Der Schutz vor gesundheitlichen Gefahren verlangt, daß Sie die letzten sechs Wochen *vor* der Entbindung nicht beschäftigt werden dürfen. Sie können sich zwar ausdrücklich zur Arbeit bereit erklären. Doch Sie haben das Recht, diese Erklärung jederzeit zu widerrufen.

- Auch nach der Entbindung gilt ein striktes Beschäftigungsverbot: Bis zum Ablauf von acht Wochen dürfen Sie nicht arbeiten. Für Mütter von Früh- oder Mehrlingsgeburten gilt sogar eine Frist von zwölf Wochen.
- Als Schwangere dürfen Sie nicht mit schweren körperlichen Arbeiten beschäftigt werden; auch solche Arbeiten, bei denen Sie schädlichen Einwirkungen von
  - gesundheitsgefährdenden Stoffen oder Strahlen,
  - Staub,
  - Gasen,
  - Dämpfen,
  - Hitze,
  - Kälte,
  - Nässe,
  - Erschütterungen oder
  - Lärm ausgesetzt sind, dürfen Sie nicht verrichten.

- Dem Arbeitgeber ist es untersagt, Ihnen Akkord- oder Fließbandarbeit zuzuteilen.
- Insbesondere sind während der Schwangerschaft Arbeiten untersagt, bei denen Sie
  - regelmäßig Lasten über 5 Kilo oder gelegentlich Lasten über 10 Kilo ohne mechanische Hilfe bewegen oder befördern müssen;
  - sich häufig erheblich strecken oder beugen oder bei denen Sie dauernd hocken oder sich gebückt halten müssen.
- Ab dem 3. Schwangerschaftsmonat ist Ihnen auch die Arbeit auf Transportfahrzeugen nicht mehr zuzumuten.
- Ab dem 5. Schwangerschaftsmonat sind Arbeiten, bei denen Sie ständig stehen müssen, nicht mehr erlaubt. (Das gilt dann, wenn diese Tätigkeit mehr als vier Stunden überschreitet.) Ihr Arbeitgeber muß dann dafür sorgen, daß Sie sich während der Arbeitszeit setzen können. Sind Sie im Büro tätig und üben also einen überwiegend sitzenden Beruf aus, so dürfen Sie Ihre Arbeit für regelmäßige kurze Bewegungspausen unterbrechen.

(Quelle: BMfFuJ)

Arbeitszeit. Mehrarbeit, Nachtarbeit (zwischen 20 und 6 Uhr) sowie Sonn- und Feiertagsarbeit ist für Schwangere und Stillende untersagt. Es gibt jedoch Ausnahmen: wenn Sie im Gast- und Herbergswesen arbeiten, im Krankenhaus oder im Pflegedienst, in der Landwirtschaft oder im Haushalt.

- Schwangere unter 18 Jahren dürfen täglich nur 8 Stunden oder 80 Stunden in der Doppelwoche arbeiten.
- Werdende Mütter dürfen nicht mehr als 8,5 Stunden täglich oder 90 Stunden in der Doppelwoche arbeiten.

Kündigungsverbot. Als werdende und stillende Mutter unterliegen Sie einem Kündigungsverbot. Schon in der Probezeit haben Sie – falls Sie schwanger werden – Anspruch auf den gesetzlichen Mutterschutz.

Das gilt sogar dann, wenn Sie beim Einstellungsgespräch Ihre Schwangerschaft verschwiegen haben. Es ist zwar nicht gerade fair dem Arbeitgeber gegenüber, und er wird dann mit Recht sauer auf Sie sein: Doch vom Gesetzgeber her ist dies erlaubt.

- Sobald Sie Ihre Schwangerschaft gemeldet haben, sind Sie bis zum Ende der Mutterschutzfrist vor einer Kündigung geschützt. Dies gilt bis vier Monate nach der Entbindung. Auch Teilzeitbeschäftige unterliegen diesem besonderen Kündigungsverbot. Es gibt nur wenige Ausnahmen, die eine ordentliche oder außerordentliche Kündigung in dieser Zeit zulassen: etwa wenn Ihr Arbeitgeber Konkurs anmelden muß oder wenn Sie bei einem groben Verstoß gegen Ihre Arbeitspflichten erwischt werden. Einer Kündigung während des Mutterschutzes muß das Gewerbeaufsichtsamt zustimmen.
- Eine Kündigung durch den Arbeitgeber gilt übrigens auch dann nicht, wenn Sie bei deren Erhalt selbst noch nichts von Ihrer Schwangerschaft wußten. Sie müssen Ihren Arbeitgeber dann informieren, und die Kündigung wird dann nachträglich unwirksam.
- Eine Ausnahmeregelung gibt es allerdings für Frauen, die in einem Familienhaushalt beschäftigt sind: Erzieherinnen, Kindermädchen, Haushaltsgehilfinnen oder Haushälterinnen haben nur einen eingeschränkten Kündigungsschutz bis zum Ende des fünften Schwangerschaftsmonats. Das Bundesarbeitsgericht hat in solchen Fällen leider eine Rechtsprechung, die eindeutig gegen die schwangeren Frauen gerichtet ist: Der Arbeitgeber hat danach das Recht, sowohl den Lohn zu streichen wie auch zu kündigen, wenn eine »weitere Beschäftigung für ihn unzumutbar« geworden ist.
- Auch bei befristeten Arbeitsverhältnissen gilt der Kündigungsschutz nicht: Ein solcher Arbeitsvertrag endet stets mit der festgelegten Frist. Wenn Ihnen Ihr Chef jedoch eine Verlängerung Ihres Vertrages zusagte und diese auf Grund Ihrer Schwangerschaft dann zurückzieht, ist dies nicht erlaubt.
- Sie selbst können während Ihrer Schwangerschaft und bis zu acht

Wochen danach ohne Einhaltung irgendwelcher Fristen zum Ende des Mutterschutzes kündigen. Sie sollten aber bedenken, welche Nachteile Ihnen aus einer Kündigung entstehen. Besser ist es vielleicht, Erziehungsurlaub zu beantragen. Haben Sie aber gekündigt, und werden Sie von Ihrem Arbeitgeber innerhalb von zwölf Monaten nach der Entbindung wieder eingestellt, so gilt Ihr Arbeitsverhältnis als »nicht unterbrochen«. Dies kann z. B. für die Anrechnung von Betriebsrenten von Wichtigkeit sein.

(Quelle: BMfFuJ)

Mutterschutzlohn ist der Lohn bzw. das Gehalt, das Ihnen Ihr Arbeitgeber während der Schwangerschaft bezahlt:

- Sie haben während Ihrer Schwangerschaft Anspruch auf Mutterschutzlohn. Dies gilt selbst dann, wenn Ihr Arzt ein Beschäftigungsverbot bescheinigt – auch schon lange vor der Mutterschutzfrist. Während die Lohnfortzahlung bei Arbeitsunfähigkeit normalerweise nur sechs Wochen dauert, haben Sie beim Mutterschutzlohn innerhalb Ihrer Schwangerschaft zeitlich unbegrenzte Ansprüche. Unter Umständen muß der Unternehmer also monatelang Ihren Lohn oder Ihr Gehalt weiterbezahlen.
- Der Mutterschutzlohn wird genauestens berechnet: Da Ihnen durch eine Schwangerschaft keinerlei finanzielle Nachteile entstehen dürfen, nimmt man den durchschnittlichen Nettoverdienst der letzten 13 Wochen vor Ihrer Schwangerschaft (§ 11 Mutterschutzgesetz). Zuschläge (etwa für Akkord- oder Fließbandarbeit, aber auch Urlaubsgeld oder Sondergratifikationen) darf man Ihnen nicht kürzen.

Mutterschaftsgeld wird Ihnen von der Krankenkasse innerhalb der Schutzfristen (sechs Wochen vor und acht Wochen, bei Früh- und Mehrlingsgeburten zwölf Wochen nach der Entbindung) bezahlt. Auch das Mutterschaftsgeld wird nach Ihrem Nettoverdienst berechnet. Die beiden einzigen Voraussetzung dafür sind,

- daß Sie vor Beginn der Mutterschutzfrist in einem Arbeitsverhältnis beschäftigt waren. Dazu zählt selbstverständlich auch Teilzeit- oder Heimarbeit. Und
- daß Sie in der Zeit vom zehnten bis vierten Monat vor der Entbindung mindestens drei Monate gesetzlich krankenversichert waren.

Anspruch auf Mutterschaftsgeld haben Sie auch dann, wenn Ihr Arbeitsverhältnis mittlerweile rechtmäßig vom Arbeitgeber gekündigt wurde. Dieser Anspruch entfällt, wenn Sie selbst gekündigt haben oder aber Ihr Arbeitsverhältnis durch einen Aufhebungsvertrag oder durch einen befristeten Arbeitsvertrag nicht mehr besteht.

- Das Mutterschaftsgeld wird in einer Höhe von mindestens 3,50 Mark und höchstens 25 Mark pro Tag bezahlt (je nach Länge des Monats also höchstens zwischen 700 und 775 Mark im Monat). Wenn Ihr Nettolohn zwischen diesen beiden Summen liegt, übernimmt die Krankenkasse Ihren vollen Nettolohn. Liegt Ihr Nettogehalt jedoch darüber, so muß Ihr Arbeitgeber Ihnen einen Zuschuß bezahlen, der die Differenz zwischen Mutterschaftsgeld und Ihrem Durchschnittsverdienst ausgleicht. Dieser Zuschuß wird ebenfalls aus dem Monatseinkommen der letzten drei Monate vor der Schutzfrist berechnet – hier allerdings ohne Berücksichtigung von Sonderzahlungen wie Urlaubs- oder Weihnachtsgeld.
- Selbständige erhalten ebenfalls Mutterschaftsgeld, wenn sie bei einer Pflichtkrankenkasse oder einer Ersatzkasse mit Anspruch auf Krankengeld versichert sind. Die Höhe des Mutterschaftsgeldes entspricht dann der Höhe des Krankengeldes.
- Auch als Arbeitslose haben Sie Anspruch auf Mutterschaftsgeld. Es entspricht dann dem Betrag des Arbeitslosengeldes oder der Arbeitslosenhilfe.
- Wenn Sie privat krankenversichert sind oder keine Krankenversicherung haben, erhalten Sie ein Mutterschaftsgeld von insgesamt höchstens 400 Mark. Bedingung ist die Erfüllung der Vorversiche-

rungs- bzw. Vorbeschäftigungszeiten. Hierfür stellen Sie einen Antrag beim Bundesversicherungsamt (Adresse siehe Kapitel 10).

- Das Mutterschaftsgeld wird bei der Krankenkasse formlos beantragt. Am besten legen Sie Ihrem Antrag Bescheinigungen des Arbeitgebers über das bestehende Arbeitsverhältnis und über Ihren Arbeitsverdienst sowie ein Attest Ihres Arztes bei.
- Als geringfügig Beschäftigte (siehe auch unten) haben Sie Anspruch auf eine einmalige Zahlung von 400 Mark. Für einen Antrag müssen Sie vor Beginn der Schutzfrist im Arbeitsverhältnis gestanden haben und außerdem in der Zeit vom zehnten bis vierten Monat vor der Entbindung für drei Monate beschäftigt gewesen sein. Das Mutterschaftsgeld beantragen Sie dann beim Bundesversicherungsamt (Adresse siehe Kapitel 10).
- Mutterschaftsgeld ist steuer- und sozialabgabefrei und wird netto ausbezahlt. Während des Anspruchs auf Mutterschaftsgeld bleiben Sie in der Renten-, Kranken- und Arbeitslosenversicherung beitragsfrei versichert. (Quelle: BMfFuJ)

Stillzeit. Nicht nur als werdende Mutter, auch als Stillende unterliegen Sie besonderen Schutzvorschriften. Das gilt insbesondere für die Stillzeiten: Der Arbeitgeber muß Ihnen – wenn Sie dies wünschen – täglich zweimal eine halbe oder einmal eine ganze Stunde freigeben. Die Dauer der Stillzeit ist nicht festgelegt. Die Rechtsprechung hat hier ein Höchstalter des Kindes von zwei Jahren als übliche Höchstgrenze erachtet. Bezweifelt Ihr Arbeitgeber, daß Sie Ihr Kind tatsächlich stillen, kann er ein Attest Ihres Arztes oder Ihrer Hebamme verlangen. Er trägt auch die Kosten für diese Bescheinigung. Am besten lassen Sie sich gleich Stillzeiten ins Attest schreiben, wenn Ihr Kind zu bestimmten Zeiten gestillt werden muß.

Erziehungsurlaub. Wir sprachen es schon oben an: Wenn Sie wegen Ihres Kindes eine Zeitlang aus dem Beruf ausscheiden wollen, Ihren

Arbeitsplatz aber nicht kündigen möchten, kann Erziehungsurlaub eine Alternative zur Kündigung sein.

Berufstätige Mütter (übrigens auch Väter) haben nach Beendigung der Mutterschutzfrist Anspruch auf Erziehungsurlaub. Bis zu 36 Monate lang können Sie Erziehungsurlaub nehmen; er steht allen Arbeitnehmerinnen und Arbeitnehmern zu – ganz gleich, ob Sie sich noch in der Ausbildung befinden, ob Sie Umschülerin oder Heimarbeiterin sind, ob Sie geringfügig Beschäftigte oder aber in beruflicher Fortbildung sind. Auch ist es unwichtig, ob Sie in einem befristeten oder unbefristeten Arbeitsverhältnis stehen oder als Teilzeitbeschäftigte Ihren Lebensunterhalt verdienen. **Achtung:** Befristete Verträge laufen mit dem vorher festgesetzten Datum aus – sie verlängern sich durch den Erziehungsurlaub nicht. Eine Ausnahme sind hier allerdings Ausbildungsverträge. Als Beamtin haben Sie Anspruch auf Erziehungsurlaub nach den entsprechenden Verordnungen des Bundes und der Länder.

- Wenn Sie Erziehungsurlaub nehmen wollen, müssen Sie dies Ihrem Arbeitgeber natürlich spätestens einen Monat vor dem geplanten Beginn, also vier Wochen, bevor Ihr Mutterschutz endet, mitteilen. Sie müssen ihm auch sagen, wie lange Ihr Erziehungsurlaub dauern soll. Eine Verlängerung ist später kaum mehr möglich. Deshalb sollten Sie vielleicht lieber von vornherein einen längeren Zeitraum einplanen. Es genügt eine mündliche Mitteilung an den Arbeitgeber. Aus Gründen der Beweispflicht ist es jedoch empfehlenswert, eine formlose schriftliche Mitteilung zu machen. Sie müssen auch bei Antritt Ihres Erziehungsurlaubs dem Arbeitgeber bereits mitteilen, ob Sie Ihren Arbeitsplatz später wieder haben wollen.
- Mit der Mitteilung an den Arbeitgeber ist der Erziehungsurlaub wirksam. Sie benötigen keine Zustimmung Ihres Chefs mehr.
- Während des Erziehungsurlaubs müssen Sie jedoch nicht gänzlich auf Ihren Arbeitsplatz verzichten: Bis zu 19 Stunden wöchentlich dürfen Sie bei Ihrem alten oder – wenn Ihr bisheriger Chef damit

einverstanden ist – einem neuen Arbeitgeber teilzeitbeschäftigt sein. Auch dies sollten Sie bereits in Ihrem Antrag auf Erziehungsurlaub mitteilen. Falls Sie bei einem anderen Arbeitgeber beschäftigt sein wollen, Ihr Chef dies aber ablehnt, muß er seine Weigerung innerhalb von vier Wochen schriftlich begründen. Eine Verweigerung muß aber – auch dies schreibt das Gesetz vor – immer mit betrieblichen Interessen begründet sein.

- Voraussetzung für Erziehungsurlaub ist, daß
  - Sie Ihren Wohnsitz oder »gewöhnlichen Aufenthalt« in der Bundesrepublik haben,
  - Sie mit Ihrem Kind in einem Haushalt leben,
  - Sie Ihr Kind überwiegend selbst betreuen und erziehen,
  - Sie während des Erziehungsurlaubs keine oder keine volle Erwerbstätigkeit ausüben.
- Wenn Sie ausländische Mitbürgerin sind, können Sie ebenfalls Erziehungsurlaub beantragen. Sie haben Anspruch darauf, wenn Sie eine Aufenthaltsberechtigung oder eine Aufenthaltserlaubnis haben.
- Wenn Sie verheiratet sind oder in nichtehelicher Gemeinschaft leben, haben Sie dann das Recht auf Erziehungsurlaub, wenn Ihr Partner erwerbstätig, in der Ausbildung oder arbeitslos ist. Ist Ihr Partner dagegen Frührentner, nicht erwerbstätig oder hat er selbst Erziehungsurlaub, entfällt Ihr Anspruch.
- Selbstverständlich müssen Sie nicht die gesamten, vom Gesetzgeber vorgesehenen 36 Monate Erziehungsurlaub nehmen. Sie können selbst den Zeitraum festlegen – ganz so, wie Sie sich Ihre Planung für die Familie vorstellen.
- Der Erziehungsurlaub kann aufgeteilt werden: Ehepartner können sich dabei bis zu dreimal abwechseln.
- Für die Dauer des Erziehungsurlaubs bleibt Ihr Arbeitsverhältnis bestehen. Sie haben jedoch während dieser Babypause keinen Lohn- oder Gehaltsanspruch. Dasselbe gilt auch für die vermö-

genswirksamen Leistungen, die vom Arbeitgeber übernommen worden sind.

- Für Kinder, die nach dem 1. Januar 1992 geboren wurden, berechnet der Rentenversicherer drei Jahre rentenbegründend bzw. rentensteigernd.
- Sind Sie in einer gesetzlichen Krankenkasse versichert, so bleibt der Versicherungsschutz auch während des Erziehungsurlaubes erhalten.
- Erziehungs- *und* Erholungsurlaub beanspruchen – das können Sie nicht. Ihr Arbeitgeber kann Ihnen während des Erziehungsurlaubs um jeweils ein Zwölftel für jeden Monat den Erholungsurlaub kürzen. Er muß dies aber nicht tun. Restliche Urlaubstage werden normalerweise an den Erziehungsurlaub angehängt. Sie haben im darauffolgenden Jahr Anspruch darauf. Solche Urlaubsansprüche verfallen dann nicht mit dem 31. März, sondern bleiben erhalten.
- Auch während des Erziehungsurlaubs genießen Sie besonderen Kündigungsschutz. Dieser Schutz gilt auch für Frauen, die in einem Familienhaushalt beschäftigt sind (siehe auch Seite 89, Ausnahmeregelung bei Kündigungsverbot). Der Kündigungsschutz ist Ihnen auch dann gewährt, wenn Sie 19 Wochenstunden teilzeitbeschäftigt sind.
- Änderungskündigungen sind in der Zeit des Erziehungsurlaubs verboten. Erst danach sind solche Kündigungen möglich, und auch dann muß der Arbeitgeber die gesetzlichen oder tariflich festgelegten Fristen einhalten.
- Ausnahmen gibt es auch hier nur wenige: etwa wenn der gesamte Betrieb stillgelegt wird, wenn der Unternehmer Konkurs anmelden muß, wenn Sie Ihre Arbeitspflichten grob verletzen.
- Sie selbst können während des Erziehungsurlaubs kündigen, müssen jedoch die entsprechenden Fristen einhalten. Wollen Sie jedoch zum Ende des Erziehungsurlaubs eine Kündigung aussprechen, gilt

eine besondere Frist von drei Monaten. Sie müssen Ihre Kündigung zwar nicht begründen, sollten Sie aber auf jeden Fall schriftlich aussprechen. (Quelle: BMfFuJ)

Erziehungsgeld. Das Erziehungsgeld beträgt 600 Mark monatlich. Es steht Ihnen vom Tag der Geburt an zu.

- Sie beantragen das Erziehungsgeld sofort nach der Geburt schriftlich bei der Erziehungsgeldstelle Ihres Wohnorts. Bei einem verspäteten Antrag sind Sie höchstens für sechs Monate rückwirkend bezugsberechtigt.
- Dieser Antrag gilt zunächst nur für das erste Lebensjahr Ihres Kindes. Im zweiten Jahr müssen Sie erneut einen Antrag stellen.
- Für die Gewährung des Erziehungsgeldes gelten dieselben Voraussetzungen wie für den Erziehungsurlaub. Das heißt, daß
  - Sie Ihren Wohnsitz oder »gewöhnlichen Aufenthalt« in der Bundesrepublik haben,
  - Sie mit Ihrem Kind in einem Haushalt leben,
  - Sie Ihr Kind überwiegend selbst betreuen und erziehen,
  - Sie während des Erziehungsurlaubs keine oder keine volle Erwerbstätigkeit ausüben. Die schon erwähnten 19 Wochenstunden Teilzeitbeschäftigung sind selbstverständlich erlaubt. Beamtinnen dürfen die Hälfte ihrer regelmäßigen Arbeitszeit ableisten.
- Es kann hier Ausnahmeregelungen geben, wenn Sie als alleinstehende Mutter für den Lebensunterhalt zuständig sind. Sie müssen dann aber dafür Sorge tragen, daß Ihr Kind während Ihrer Arbeitszeit betreut wird (z. B. in einer Kinderkrippe, durch Verwandte).
- Erziehungsurlaub und Erziehungsgeld gibt es übrigens auch für Stief- und Adoptivkinder.
- Als ausländische Mitbürgerin haben Sie Anspruch auf Erziehungsgeld, wenn Sie im Besitz einer Aufenthaltsberechtigung oder einer Aufenthaltserlaubnis sind.
- Für Kinder, die nach dem 1. Januar 1993 geboren wurden, können

Sie insgesamt 24 Monate Erziehungsgeld beziehen. Adoptiv- und Pflegekinder können auch über die Zwei-Jahres-Frist hinaus Erziehungsgeld bekommen, nämlich bis zum Ende des siebten Lebensjahres.

- Es gelten jedoch Einkommensfristen:
  - In den ersten sechs Lebensmonaten darf das Einkommen bei Verheirateten nicht mehr 100 000 Mark jährlich, bei »anderen Berechtigten« nicht mehr als 75 000 Mark pro Jahr übersteigen. Über diesen Grenzen bekommen Sie nur ein gemindertes Erziehungsgeld.
  - Ab dem siebten Lebensmonat wird das Erziehungsgeld gemindert, wenn das Einkommen bei Verheirateten über 29 400 Mark jährlich und anderen Berechtigten über 23 700 Mark pro Jahr liegt.
  - Diese Beträge erhöhen sich um 4200 Mark pro Kind und Jahr für jedes weitere Kind. Wer dagegen mehr verdient, bekommt nur ein vermindertes Erziehungsgeld: für je 1200 Mark Jahresverdienst über den Grenzen werden 40 Mark abgezogen.
- Die Erziehungsgeldstelle berechnet das Erziehungsgeld auf Grund des voraussichtlichen Einkommens im Geburtsjahr und im Jahr danach. Sie müssen über Ihr voraussichtliches Einkommen eine Erklärung abgeben bzw. eine Verdienstbescheinigung Ihres Arbeitgebers vorlegen. Das Einkommen Ihres Partners wird in die Berechnung mit einbezogen.
- Sind Sie während Ihres Erziehungsurlaubs überhaupt nicht berufstätig, wird Ihr Einkommen nicht berücksichtigt. Wenn Sie unverheiratet sind und auch in keiner eheähnlichen Gemeinschaft leben, liegt ebenfalls kein Einkommen vor, und Sie erhalten volles Erziehungsgeld.
- Das Erziehungsgeld wird jeweils im Laufe des Monats gezahlt, für den es bestimmt ist. Es ist immer steuerfrei und darf auch nicht gepfändet werden.

- Erziehungsgeld bekommen Sie nicht nur als Arbeitnehmerin, sondern auch dann, wenn Sie »Nur-Hausfrau«, Selbständige, Sozialhilfeempfängerin oder arbeitslos sind. (Näheres siehe Kapitel 6.)
- Auszubildende, Schülerinnen und Studentinnen bekommen ebenfalls Erziehungsgeld. Es darf nicht auf die Ausbildungsförderung angerechnet werden; auch nicht auf andere Sozialleistungen wie etwa Kindergeld, Wohngeld, Sozialhilfe.

(Quelle: BMfFuJ)

Sonderurlaub, wenn das Kind krank ist. Auch wenn Sie als Mutter wieder voll im Beruf stehen, können Sie sich – zumindest mehr als früher – um Ihr Kind kümmern. Ist es nämlich unter zwölf Jahren alt, so stehen jedem Elternteil zehn Tage bezahlter Sonderurlaub zu. Als alleinerziehende Mutter können Sie darüber hinaus sogar 20 Tage beanspruchen.

Nach der Babypause wieder in den Beruf

Für viele Frauen besteht nach der Babypause kaum eine Chance, im alten Beruf wieder gut Fuß zu fassen. Vor allem dann nicht, wenn sie länger als 36 Monate aus dem Job waren und wenn sie, wie es viele Frauen mit Kleinkindern tun, »nur« eine Teilzeitbeschäftigung suchen.

Besonders schlimm sind die vielen Scheidungsfälle. Fast 90 Prozent der geschiedenen Ehefrauen erhalten das Sorgerecht für ihre Kinder. Vom Unterhalt des Ex-Mannes läßt sich in vielen Fällen kaum gut leben. In den meisten Fällen bleibt dann nur die Möglichkeit einer Teilzeitbeschäftigung. Und dies auch nur dann, wenn Sie eine Möglichkeit haben, Ihr(e) Kind(er) wenigstens während Ihrer Arbeitszeit unter bester Obhut zu lassen. Zwar gilt ab 1. Januar 1996 der gesetz_liche Anspruch auf einen Kindergartenplatz. Doch es ist noch nicht klar, ob dies tatsächlich zum Stichtag verwirklicht werden kann: Noch fehlen dafür in den alten Bundesländern die Grundvoraussetzungen, nämlich Kindergärten und Erzieherinnen. In den neuen Bundesländern sind zwar die baulichen Voraussetzungen zum Teil gegeben, jedoch fehlen – wie auch im Westen – ganz einfach die finanziellen Mittel, um diesen Grundanspruch zu realisieren.

Selbst wenn Sie sich nur vorübergehend für Kinder und Familie entschieden haben: Hin und wieder, früher oder später werden Sie sich in den Beruf zurücksehnen. Für mehr als 50 Prozent der Mütter ist es heutzutage völlig normal, mit einem oder mehreren Kindern nur ein paar Monate oder Jahre zu pausieren und dann wieder in die Arbeitswelt zurückzukehren. Leicht ist das nicht. Wir haben eingangs in diesem Kapitel schon darauf hingewiesen, daß für Frauen Familie und Karriere immer noch kaum zu vereinbaren sind.

Natürlich können Sie während des Erziehungsurlaubs in Ihrem Beruf fit bleiben. Sie dürfen ja bis zu 19 Stunden in der Woche teilzeitbeschäftigt sein. Wenn Sie Glück haben, hatten Sie einen Arbeitgeber, der Ihnen dies in seinem Betrieb ermöglicht. So haben Sie die Chance, den Anschluß im Betrieb nicht zu verlieren. Sie bleiben mit den Kollegen und Kolleginnen in Kontakt, und Sie verpassen beruflich nicht so viel, als wenn Sie ganz »aussteigen« würden.

Doch was, wenn Sie Pech haben? Wenn Sie schon jetzt, bis zum ersten Kind, einen Beruf ausübten, der Ihre vollen Kräfte beanspruchte? Der Ihnen aber nicht die Befriedigung gab, die Sie sich in einem ausgefüllten Berufsleben erhoffen? Was, wenn Sie Beruf und Familie nicht unter einen Hut bringen können? Was, wenn Sie als alleinerziehende Mutter mit Kindern es sich einerseits nicht leisten können, nicht arbeiten zu gehen? Wenn Sie andererseits jedoch einen Vollzeitjob wegen Ihrer kleinen Kinder nicht annehmen können oder wollen?

Leider gibt es keinen gesetzlichen Anspruch, von Vollzeit- auf Teilzeitarbeit »umzusteigen«. Sie können immer nur versuchen, mit

Ihrem bisherigen Arbeitgeber einen entsprechenden Vertrag zu vereinbaren.

Teilzeitbeschäftigung

Mehr als 30 Prozent der Frauen in der Bundesrepublik sind teilzeitbeschäftigt (Stand Mai 1992), und mehr als 93 Prozent aller Teilzeitbeschäftigten sind Frauen.

- Als teilzeitbeschäftigt werden Sie bezeichnet, wenn Ihre regelmäßige wöchentliche Arbeitszeit kürzer ist als die regelmäßige Wochenarbeitszeit vollzeitbeschäftigter Arbeitnehmer. Man unterscheidet
  - Halbtagsarbeit: Sie arbeiten täglich vier bis fünf Stunden, entweder vormittags oder nachmittags.
  - tageweise Arbeit: Sie arbeiten nur an bestimmten Tagen in der Woche, den Rest haben Sie frei.
  - Arbeit im Wochenwechsel: Sie arbeiten eine Woche an fünf Tagen durch, haben dann in der folgenden Woche frei.
  - Job-sharing: Sie teilen sich eine Arbeitsstelle mit einer Kollegin/einem Kollegen. Diese Arbeitsstelle muß zwar immer besetzt sein, die Arbeitszeiten sind festgelegt. Aber Sie beide können sich abstimmen, wann Sie jeweils Ihre Arbeit ableisten.
  - Teilzeitarbeit auf eigene Verantwortung: Sie haben eine bestimmte Wochenarbeitszeit vereinbart, können aber selbst entscheiden, wie und wann Sie sich diese einteilen.
  - Jahresarbeitszeitvertrag: Sie haben einen Job für mehrere Monate und danach mehrere Monate frei. Vor allem in der Gastronomie und im Hotelgewerbe kommt dies oft vor. Im Gegensatz zu einer Aushilfskraft genießen Sie jedoch das ganze Jahr hindurch Sozialversicherungsschutz.
  - Anpassung an den Arbeitsanfall: Sie werden bei Bedarf von

Ihrem Arbeitgeber angefordert. Er muß Ihnen aber lange genug (vier Tage) vorher Bescheid geben, daß und wann er Sie braucht. Die Zahl der Monats-Arbeitsstunden muß außerdem vorher festgelegt werden. Sonst ist es bei dieser Form der Teilzeitarbeit oft schwierig, die »Arbeit auf Abruf« in Grenzen zu halten. Eine Vereinbarung, die nur »mindestens 10 und höchstens 20 Stunden wöchentlich« vorsieht, ist dabei nicht zulässig. Das Gesetz sieht in einem solchen Fall vor, daß nur von einer Wochenarbeitszeit von 10 Stunden auszugehen ist, bei jeweils mindestens drei aufeinanderfolgenden Stunden. Geringerer Stundenanzahl wegen müssen Sie nicht zur Arbeit »antreten« – und wenn, muß der Arbeitgeber trotzdem drei Stunden entlohnen.

(Quelle: BMfAuS)

- Die Vorteile der Teilzeitarbeit liegen auf der Hand: Sie haben mehr Zeit für sich und die Familie. Sie können sich Ihre private Freizeit besser einteilen, können mehr Engagement für berufliche Weiterbildung, Hobbys, das Leben zu Hause aufbringen.
- Die Nachteile sind vor allem im sozialversicherungsrechtlichen Teil zu sehen. Die Absicherung bei Arbeitslosigkeit und im Alter ist bei weitem nicht so gut wie bei Vollzeitarbeitskräften.

(Quelle: BA, Statistisches Bundesamt)

- Grundsätzlich gilt für Teilzeitbeschäftigte dasselbe Arbeitsrecht wie für vollzeitbeschäftigte Arbeitnehmerinnen:

Arbeitsverträge werden auf dieselbe Art geschlossen (siehe Kapitel 3). In ihnen ist dasselbe geregelt wie im »normalen« befristeten oder unbefristeten Arbeitsvertrag:

Lohn/Gehalt. Als Teilzeitbeschäftigte haben Sie gesetzlichen Anspruch auf einen anteilig gleichen Lohn (oder Gehalt) wie Ihre Kolleginnen, die Vollzeit arbeiten. Im Beschäftigungsförderungsgesetz ist nämlich das Verbot der unterschiedlichen Behandlung von Vollzeit- und Teilzeitkräften enthalten. Auf Gratifikationen (Weihnachtsgeld, Urlaubsgeld, Fahrgeldzuschüsse oder betriebliche Rente) haben Sie ebenso anteiligen Anspruch wie auf etwaige Zulagen, die auch Vollzeitmitarbeitern bezahlt werden.

Arbeitszeit. Es gelten dieselben Regelungen wie bei Vollzeitkräften. Die Dauer und Verteilung der Arbeitszeit wird bei Teilzeitarbeitskräften meist im Vertrag geregelt.

Überstundenregelung/Ruhepausen. Sie haben einen Teilzeitvertrag, weil Sie grundsätzlich nicht die volle Arbeitszeit ableisten wollen. Darauf muß der Arbeitgeber besondere Rücksicht nehmen. Überstunden sind also grundsätzlich nur dann erlaubt, wenn dies im Arbeitsvertrag festgehalten wurde und wenn ein unvorhergesehener Arbeitsanfall entstanden ist. Auch muß Ihr Chef erst einmal an Vollzeitkräfte herantreten, bevor er Sie um Überstunden bittet. Der Betriebs- oder Personalrat muß vorher in jedem Falle zustimmen, und Sie müssen diese Arbeitszeit extra bezahlt bekommen. Sie sollten versuchen durchzusetzen, daß bei Überstunden ein Lohnzuschlag von 25 Prozent fällig wird. Dies ist zwar in vielen Tarifverträgen noch nicht geregelt, aber durchaus üblich.

Urlaubsanspruch. Wenn Sie täglich eine bestimmte Stundenzahl arbeiten, stehen Ihnen genauso viele Urlaubstage zu wie den vollzeitarbeitenden Kollegen. Anders ist es, wenn Sie nur an einzelnen Wochentagen (oder einigen Tagen im Monat) arbeiten. Dann werden die arbeitsfreien Werktage, die in Ihre Urlaubszeit fallen, auf Ihren Urlaubsanspruch angerechnet. Anders erklärt: Als Teilzeitbeschäftigte an nur einigen Tagen in der Woche oder pro Monat müssen Sie sich die in die Urlaubszeit fallenden, für Sie ohnehin freien Werktage auf den Urlaubsanspruch anrechnen lassen. Sie bekommen nur die Tage als Urlaubstage, die Sie ohne Urlaub arbeiten müßten.

Urlaubsgeld. Es gibt auch hier keinen Unterschied zu den Vollzeitarbeitskräften. Als Teilzeitbeschäftigte erhalten Sie anteilig zu Ihrer Wochen- bzw. Monatsarbeitszeit auch ein Urlaubsentgelt.

Lohnfortzahlung im Krankheitsfall. Es kommt vor dem Gesetz nicht darauf an, ob Sie vollzeit- oder teilzeitarbeiten. Grundsätzlich steht Ihnen die Lohn- bzw. Gehaltsfortzahlung im Krankheitsfalle zu. Selbst wenn Sie geringfügig beschäftigt (siehe unten) sind, muß Ihr Arbeitgeber Ihnen bei Krankheit den Lohn für die ausgefallenen Stunden oder Tage bezahlen. Das sagt ein neues Urteil des Europäischen Gerichtshofs, das vom Bundesarbeitsgericht bestätigt wurde. Probleme können dann auftreten, wenn Sie flexible Arbeitszeiten vereinbart haben und vor Beginn Ihrer Krankheit noch nicht feststand, wie viele Stunden oder Tage Sie beschäftigt sein sollten. Dann können Sie darauf bestehen, daß Ihr Lohn oder Gehalt auf der Basis der durchschnittlichen Arbeitszeit weiter gezahlt wird.

Feiertagsbezahlung. Auch hier machen viele Arbeitgeber Schwierigkeiten, wenn es um Teilzeitbeschäftigte geht. Es gilt jedoch: Fällt die Arbeit an einem gesetzlichen Feiertag aus, so haben Sie trotzdem Anspruch auf die Zahlung Ihres Lohns oder Gehalts. Es sind immer die Stunden zu bezahlen, die an diesem Tag gearbeitet worden wären, wenn es kein Feiertag gewesen wäre. Vor- oder Nacharbeiten für diesen Feiertag sind übrigens verboten. Bei flexiblen Arbeitszeiten wird auch bei der Feiertagsbezahlung wieder ein durchschnittlicher Lohn für diesen Tag errechnet.

Sozialversicherung. Zwar gilt grundsätzlich auch für Teilzeitkräfte die Sozialversicherungspflicht. Sie sind auch immer – ganz gleich, wieviel und wie oft Sie arbeiten – gesetzlich unfallversichert. Das gilt selbst dann, wenn Ihr Arbeitgeber Sie nicht der Sozialversicherung gemeldet hat. Dennoch sind Sie als Teilzeitkraft oft benachteiligt. Wie umfangreich Sie nämlich sozialversichert sind, wird aus den abgeleisteten Wochenstunden berechnet.

- Arbeiten Sie weniger als 15 Stunden wöchentlich, sind Sie nur dann ausreichend sozialversichert, wenn Sie – das gilt für 1995 – mehr als 580 Mark (in den neuen Bundesländern: 470 Mark) monatlich verdienen. Dann werden Sie als *geringfügig Beschäftigte* bezeichnet.
- Bei mehr als 15, aber weniger als 18 Wochenstunden sind Sie wenigstens kranken- und rentenversichert. Das ist unabhängig von Ihrem Verdienst.
- Erst ab einer wöchentlichen Arbeitszeit von mehr als 18 Stunden haben Sie immer Anspruch auf vollen Sozialversicherungsschutz, also auf Arbeitslosen-, Kranken- und Rentenversicherung.
- Viele Frauen, die als geringfügig Beschäftigte ihren Lebensunterhalt verdienen, sind überhaupt nicht abgesichert. Etwas anderes gilt nur dann, wenn Sie mehrere Jobs – jeweils als geringfügig Beschäftigte – ausüben. In solch einem Fall werden nämlich Arbeitszeiten und Verdienste zusammengezählt – und damit haben Sie wenigstens eine Absicherung bei der Kranken- und Rentenversicherung. Die Pflichtbeiträge müssen dann die jeweiligen Arbeitgeber anteilig abführen.
- Liegt Ihr Verdienst jedoch unter 610 Mark monatlich (nur in Ostberlin 500 Mark), so muß der Arbeitgeber die Beiträge zur Sozialversicherung alleine tragen (Geringverdienergrenze). Dies ist allerdings für viele Unternehmer ein Grund, den Lohn bei Teilzeitbeschäftigten bei 580 Mark in den alten Bundesländern und bei 470 Mark in den neuen Bundesländern pro Monat »einzufrieren«.
- Sie müssen Ihren Arbeitgeber also darüber informieren, wenn Sie nicht nur eine, sondern mehrere sozialversicherungsfreie Tätigkeiten ausüben. Über den *Sozialversicherungsausweis* erfährt er dies sowieso – und er kann, wenn Sie ihm etwas verheimlicht haben, sogar noch nachträglich Ihren Beitragsanteil einfordern.

- In vielen Fällen versuchen Unternehmer, die Sozialversicherungspflicht zu umgehen, indem sie ihre Arbeitnehmerinnen bewußt mehr beschäftigen und den Lohn dann schwarz auszahlen. Auf solche Praktiken sollten Sie sich nicht einlassen. Zwar muß der Unternehmer – wenn die Sache auffliegt – im nachhinein den gesamten Anteil der Versicherungsbeiträge bezahlen. Sie aber stehen ohne entsprechenden Versicherungsschutz da, wenn die Sache nicht auffliegt. Und für Schwarzarbeit werden Sie genauso bestraft wie Ihr Arbeitgeber. (Quelle: BMfAuS)

Heimarbeit

Sie sollten sich genauestens informieren, bevor Sie eine Heimarbeit annehmen. In unzähligen Fällen werden Arbeitnehmerinnen dabei übervorteilt. Die Tätigkeit zuhause, bei freier Zeiteinteilung, läßt viele Heimarbeiter glauben, sie seien praktisch selbständig und würden daher keiner arbeitsrechtlichen Regelung unterliegen. Doch im Heimarbeitsgesetz sind alle Regelungen festgehalten, die diesen Arbeitsbereich betreffen. Wie in jedem anderen Arbeitsverhältnis sind Sie auch als Heimarbeiterin geschützt:

Lohn. Er wird zwar nicht für Stunden- oder Monatsleistung, sondern nach der Anzahl der angelieferten Stücke bezahlt. Trotzdem gibt es auch für diesen Bereich Tarifverträge. Der Arbeitgeber kann nicht willkürlich einen Stücklohn festsetzen. Beim Gewerbeaufsichtsamt erfahren Sie, welche Tätigkeiten wie bezahlt werden. Die Entgeltprüfer vom Gewerbeaufsichtsamt überwachen außerdem die Löhne und Vertragsbedingungen der Heimarbeit.

Schutzregelungen. Sie haben – wie jede Arbeitnehmerin – Anspruch

- auf Lohnfortzahlung im Krankheitsfall,

- auf Urlaub (mindestens 18 Werktage) und Urlaubsgeld,
- auf Feiertagsbezahlung (die in einem Prozentualen Zuschlag vor dem Feiertag ausgezahlt werden muß),
- auf Mutterschutzlohn und Mutterschaftsgeld,
- auf Erziehungsurlaub und Erziehungsgeld,
- auf Vergütung der Stillpausen,
- auf Kündigungsschutz bei Schwangerschaft und Schwerbehinderung.

Achtung: Heimarbeiterinnen haben normalerweise keinen Kündigungsschutz. Der Arbeitgeber muß zwar bestimmte Kündigungsfristen einhalten. Je nachdem, wie lange Sie für den Unternehmer in Heimarbeit tätig waren, reichen diese Fristen von zwei Wochen bis drei Monaten zum Quartalsende. Sie sind damit aber anders geregelt als bei »normalen« Arbeitsverhältnissen. Wie ein Arbeitsverhältnis im Normalfall endet, erfahren Sie im nächsten Kapitel.

Kapitel 6: Mitbestimmung – auch wenn das Arbeitsverhältnis endet?

Die Betriebsverfassung

Das Betriebsverfassungsgesetz regelt die innerbetriebliche Ordnung. Für den öffentlichen Dienst gelten in ähnlicher Weise Personalvertretungsgesetze. Diese Gesetzeswerke enthalten die Mitwirkungs- und Mitbestimmungsrechte des Betriebs- und Personalrates, aber auch die des einzelnen Arbeitnehmers. Diese Beteiligungsrechte – wie Auskunftsrecht, Anhörungsrecht, Beratungsrecht bis hin zum Mitbestimmungsrecht – beziehen sich praktisch auf das gesamte betriebliche Geschehen, also auf soziale, personelle und auch wirtschaftliche Angelegenheiten. Über die Betriebsverfassung können Sie als einzelne Arbeitnehmerin also an betrieblichen Entscheidungen teilhaben.

In allen Betrieben der privaten Wirtschaft, in denen wenigstens fünf Arbeitnehmer über 18 Jahre beschäftigt sind, kann ein Betriebsrat gewählt werden. Drei dieser Arbeitnehmer müssen dann der Firma mindestens ein halbes Jahr angehören. Unter 18jährige und Auszubildende unter 25 können eine Jugend- und eine Auszubildendenvertretung wählen.

In den Verwaltungen und den Betrieben des Bundes, der Länder und der Gemeinden sowie in allen anderen Institutionen des öffentlichen Rechts wird kein Betriebsrat, sondern ein Personalrat gewählt.

Der Betriebsrat

Wahlberechtigt für den Betriebsrat sind alle Arbeitnehmer und Arbeitnehmerinnen, die das 18. Lebensjahr vollendet haben. Sie dürfen also den Betriebs- oder Personalrat wählen. Das passive Wahlrecht haben Sie jedoch nur, wenn Sie der Firma bereits seit mindestens sechs Monaten angehören. Zu dieser Frist zählen auch Zeiten, die Sie in einem anderen Betrieb desselben Unternehmens oder Konzerns verbracht haben. Nur dann können Sie sich auch für den Betriebsrat aufstellen lassen und dürfen gewählt werden.

Leitende Angestellte. Als leitende Angestellte dürfen Sie an der Betriebsratswahl weder aktiv noch passiv teilnehmen. Das bedeutet: Sie dürfen weder mitwählen noch gewählt werden. Leitende Angestellte sind nach dem Betriebsverfassungsgesetz keine Arbeitnehmer. Ob jemand leitender Angestellter ist, richtet sich nach bestimmten Kriterien, die ebenfalls genau in diesem Gesetz (§ 5, Abs. 3) festgelegt wurden. Wenn Sie

- in Ihrem Betrieb Prokura haben oder Ihre Prokura im Verhältnis zu Ihrem Chef nicht unbedeutend ist,
- selbständig Mitarbeiter einstellen und entlassen dürfen,
- regelmäßig Aufgaben wahrnehmen, die für Bestand und Entwicklung des Unternehmens von Bedeutung sind und deren Erfüllung besondere Erfahrungen und Kenntnisse voraussetzt, wenn Sie dabei Entscheidungen treffen, ohne vorher Anweisungen eines Vorgesetzten entgegennehmen zu müssen, werden Sie als »leitende Angestellte« bezeichnet.

Gerade der letzte Punkt ist manchmal strittig: Sie sollten im Zweifelsfall, vor allem bei einer Kündigung, immer beim Betriebs- oder Personalrat oder Ihrem Rechtsbeistand nachfragen. Bei Kündigungen (siehe unten) ist es nämlich von Wichtigkeit, ob Sie als leitende Angestellte oder als normale Arbeitnehmerin gelten.

Größe und Zusammensetzung des Betriebsrats richten sich nach der Anzahl und der Art der Beschäftigten des Unternehmens. Arbeitnehmer im Sinn des Gesetzes sind Arbeiter und Angestellte sowie Auszubildende.

Im Betriebsverfassungsgesetz (§ 9) ist die Anzahl der Betriebsratsmitglieder genau vorgeschrieben:

- In Betrieben ab fünf bis 20 wahlberechtigten Arbeitnehmern wird ein Betriebsobmann gewählt (der selbstverständlich auch weiblich sein kann!).

- In Betrieben zwischen 21 und 50 wahlberechtigten Arbeitnehmern besteht der Betriebsrat aus drei Mitgliedern;

- bei 51 bis 150 Arbeitnehmern aus fünf Mitgliedern;
- bei 151 bis 300 Arbeitnehmern aus sieben Mitgliedern;
- bei 301 bis 600 Arbeitnehmern aus neun Mitgliedern;
- bei 601 bis 1000 Arbeitnehmern aus elf Mitgliedern;
- bei 1001 bis 2000 Arbeitnehmern aus 15 Mitgliedern;
- bei 2001 bis 3000 Arbeitnehmern aus 19 Mitgliedern;
- bei 3001 bis 4000 Arbeitnehmern aus 23 Mitgliedern;
- bei 4001 bis 5000 Arbeitnehmern aus 27 Mitgliedern;
- bei 5001 bis 7000 Arbeitnehmern aus 29 Mitgliedern;
- bei 7001 bis 9000 Arbeitnehmern aus 31 Mitgliedern.
- In Betrieben über 9000 Arbeitnehmern erhöht sich die Zahl der Betriebsratsmitglieder je angefangene weitere 3000 Arbeitnehmer um zwei Personen.

(Quelle: Kittner – Arbeit und Sozialordnung)

Besteht der Betriebsrat aus mindestens drei Mitgliedern, so müssen Arbeiter und Angestellte entsprechend ihrem zahlenmäßigen Verhältnis im Betrieb vertreten sein. Bei einer Betriebsratsgröße von mehr als neun Personen kann ein Betriebsausschuß gebildet werden, der die laufenden Geschäfte führt.

Aufgaben des Betriebsrats. Zu den laufenden Geschäften und somit Aufgaben eines Betriebs- oder Personalrats gehört unter anderem, darauf zu achten, daß die für die Arbeitnehmer und Arbeitnehmerinnen geltenden

- Gesetze,
- Verordnungen,
- Tarifverträge,

- Betriebsvereinbarungen sowie
- Unfallverhütungsvorschriften eingehalten werden.

Dazu gehört selbstverständlich auch der Grundsatz, daß niemand wegen seines Geschlechts benachteiligt werden darf.

Immer mehr Frauen machen daher auch von ihrem Recht Gebrauch, im Betrieb mitzureden und mitzubestimmen. Wie überall sollten Männer und Frauen entsprechend ihrem zahlenmäßigen Verhältnis im Unternehmen auch im Betriebsrat vertreten sein. Doch leider ist dies in den meisten Betrieben nicht der Fall. Selbst in Firmen, in denen überwiegend Frauen arbeiten, sind sie im Betriebsrat oft in der Minderzahl oder gar nicht vertreten. Männer werden gewählt, weil Frauen sich die Arbeit im Betriebsrat oft nicht zutrauen. Männer können – so meinen leider auch viele der wahlberechtigten Arbeitnehmerinnen – die Rechte der Frauen besser vertreten. Daß dies ein bedauerlicher Irrtum ist, zeigen zahllose Einzelfälle.

Glücklicherweise steigt die Zahl der weiblichen Betriebsratsmitglieder seit 1978 ständig an; ihr Anteil liegt momentan bei etwa 20 Prozent. Bei den Betriebsratsvorsitzenden sieht es ähnlich aus: 1978 gab es etwa 10 Prozent weibliche Vorsitzende, 1992 schon knapp 15 Prozent (Quelle: BMfAuS). Trotzdem: im Zuge der Gleichberechtigung und angesichts der vielen Arbeitnehmerinnen immer noch zu wenig….

Mitbestimmungsrechte. Vor allem in vielen sozialen Angelegenheiten gibt es Mitbestimmungsrechte des Betriebs- bzw. Personalrats:

- bei Fragen der Betriebsordnung und des Verhaltens der Arbeitnehmer;
- bei Fragen der betrieblichen Arbeitszeit – einschließlich der Einführung von Kurzarbeit oder Mehrarbeit. Dazu zählen z. B. selbstverständlich auch Überstunden; der Betriebsrat muß *vor der Anordnung* von Überstunden zustimmen. In bestimmten Fällen können

Sie als Arbeitnehmerin selbst dann Überstunden verweigern, wenn der Betriebsrat zugestimmt hatte (siehe Kapitel 4);

- bei der Aufstellung allgemeiner Urlaubsgrundsätze, eines Urlaubsplans sowie der zeitlichen Festsetzung des Urlaubs für einzelne Arbeitnehmer, wenn sich Arbeitnehmer und Arbeitgeber im Einzelfall nicht einigen können. Der Betriebsrat muß also mit dem Unternehmer sowohl Werksferien aushandeln wie auch dafür sorgen, daß alle Arbeitnehmer den ihnen rechtmäßig zustehenden Urlaub in Anspruch nehmen können;
- bei der Form, Ausgestaltung und Verwaltung von Sozialeinrichtungen, deren Wirkungsbereich auf den Betrieb, das Unternehmen oder den Konzern beschränkt ist;
- bei der Einführung und Anwendung neuer Arbeitsmethoden, die die Arbeitsabläufe verändern (z. B. EDV) oder Verhalten und Leistung der Arbeitnehmer überwachen (dazu zählt z. B. die Einrichtung von Stechuhren);
- im Rahmen der gesetzlichen Vorschriften bei der Regelung zur Verhütung von Arbeitsunfällen, Berufskrankheiten und über Fragen des Gesundheitsschutzes;
- beim Zuweisen oder Kündigen von Werksmietwohnungen;
- bei Fragen der Lohngestaltung, der Aufstellung von Entlohnungsgrundsätzen, der Festsetzung von Akkord- und Prämiensätzen sowie vergleichbarer Leistungsentgelte.

Darüber hinaus hat der Betriebs- oder Personalrat auch weitgehende Mitbestimmungs- oder wenigstens Mitwirkungsrechte

- bei der Gestaltung von Arbeitsplätzen, Arbeitsabläufen und Arbeitsumgebung,
- bei der Personalplanung sowie
- in Fragen der Berufsbildung.
- Bei Betriebsänderungen (z. B. Stillegung oder Verlegung eines Betriebs) kann die Arbeitnehmervertretung unter bestimmten Voraussetzungen einen Sozialplan durchsetzen, der die wirtschaftlichen

Nachteile der betroffenen Mitarbeiter ausgleicht oder wenigstens mildert.

(Quelle: BMfAuS)

Pflichten des Betriebsrats. Jeder Betriebsrat muß laut Gesetz einmal im Vierteljahr eine Betriebsversammlung einberufen. Sie dient der Aussprache zwischen Betriebsrat und den Arbeitnehmern einer Firma.

- Diese Betriebsversammlung ist nicht öffentlich. Das heißt, nur Angehörige des Unternehmens, allerdings auch Vertreter der im Betrieb vertretenen Gewerkschaften können daran teilnehmen. Gerade letzteres führt oftmals zu Ärger zwischen Betriebsrat und Arbeitgeber: So mancher Chef mag nämlich nicht einsehen, was ein Gewerkschaftsvertreter auf der Betriebsversammlung zu suchen hat. Doch im Betriebsverfassungsgesetz ist die mögliche Teilnahme der Gewerkschaft ausdrücklich festgelegt.
- Können nicht alle Teilnehmer des Unternehmens gleichzeitig an einer Betriebsversammlung teilnehmen, so muß der Betriebsrat Teilversammlungen durchführen.
- Statt einer Betriebsversammlung für alle Arbeitnehmer kann der Betriebsrat pro Kalendervierteljahr auch zwei Abteilungsversammlungen durchführen.
- Der Arbeitgeber (oder ein von ihm bestimmter Vertreter) muß zu diesen Versammlungen zwar eingeladen werden; er muß dann auch die Tagesordnung mitgeteilt bekommen und hat das Recht, auf der Versammlung das Wort zu ergreifen. Der Arbeitgeber ist jedoch nicht verpflichtet, an den Versammlungen teilzunehmen.
- Mindestens einmal im Jahr allerdings hat der Arbeitgeber über das Personal- und Sozialwesen des Betriebs sowie über die wirtschaftliche Lage und Entwicklung des Betriebs zu berichten (Ausnahmen gelten nur dann, wenn damit Betriebs- oder Geschäftsgeheimnisse verletzt würden).
- Wenn der Arbeitgeber oder ein Viertel der Belegschaft dies wün-

schen, ist der Betriebsrat verpflichtet, eine außerordentliche Betriebsversammlung einzuberufen.

- Auch eine im Betrieb vertretene Gewerkschaft kann – sozusagen von außen – eine Betriebsversammlung beantragen, wenn im vorhergegangenen Kalenderhalbjahr keine Betriebsversammlung und keine Abteilungsversammlung stattgefunden haben.
- Auf der Betriebsversammlung muß der Betriebsrat jeweils einen Bericht über seine Tätigkeiten geben. Die versammelten Arbeitnehmer können dazu Stellung nehmen. Außerdem können sie Anträge stellen.

(Quelle: Kittner – Arbeit- und Sozialordnung)

Personelle Einzelmaßnahmen. In Betrieben mit mehr als 20 wahlberechtigten Mitarbeitern muß der Arbeitgeber bei allen personellen Einzelmaßnahmen wie

- Einstellungen,
- Eingruppierungen,
- Umgruppierungen,
- Versetzungen

die Zustimmung des Betriebs- oder Personalrates einholen. Die Arbeitnehmervertreter können unter bestimmten, gesetzlich geregelten Voraussetzungen ihre Zustimmung verweigern. Der Unternehmer kann sich dann nur mit einer positiven Entscheidung des Arbeitsgerichts durchsetzen.

Die Kündigung

Leider ist unsere Gesetzgebung immer noch so, daß Betriebs- oder Personalrat bei einer Kündigung von seiten des Arbeitgebers keine Mitbestimmungsrechte haben. Als Arbeitnehmerin sollten Sie jedoch wissen, daß der Betriebs- bzw. Personalrat *vor jeder Kündigung gehört* werden muß. Unterläßt der Arbeitgeber die Mitteilung und Anhörung, ist die Kündigung automatisch unwirksam. Der Unternehmer muß den Arbeitnehmervertretern genaue Gründe für seinen Kündigungswunsch nennen. Diese können dann – und werden dies auch im Regelfall tun – der Kündigung widersprechen. Ist dieser Widerspruch aus gesetzlich geregelten Gründen erfolgt, und haben Sie als Arbeitnehmerin Kündigungsschutzklage erhoben, so muß der Arbeitgeber Sie grundsätzlich auf Ihren Wunsch weiter beschäftigen. Nur das Arbeitsgericht kann Ihren Boß von dieser Verpflichtung entbinden.

Abmahnung. In vielen Fällen gehen einer Kündigung – vor allem einer verhaltensbedingten – eine oder mehrere Abmahnungen voraus. Nur in Ausnahmefällen, wenn Sie sich etwas besonders Schwerwiegendes zuschulden kommen lassen, ist eine solch verhaltensbedingte Kündigung ohne vorhergehende Abmahnung zulässig.

Der Arbeitgeber muß es nämlich nicht hinnehmen, daß Sie bei Ihrer Arbeit Fehler machen. Sogar häufiges Zuspätkommen – selbst wenn Sie sich die besten Ausreden einfallen lassen oder sich schuldlos fühlen, weil etwa der Bus zu spät kam – kann Grund für eine Abmahnung sein. Damit macht Ihr Chef Sie deutlich auf ein Fehlverhalten aufmerksam. Dies kann er mündlich tun. In den meisten Fällen wird eine Abmahnung aus Beweisgründen aber schriftlich erfolgen. Auf jeden Fall sollten Sie eine Abmahnung als »Schuß vor den Bug« betrachten. Es kann gut sein, daß Ihr Chef mit seiner Abmahnung eine Kündigung sozusagen »vorbereitet«.

In der Abmahnung muß Ihr Arbeitgeber genau beschreiben, welches Fehlverhalten er Ihnen vorwirft. Und er muß gleichzeitig Konsequenzen – also eine Kündigung – androhen, wenn sich Ihr Fehlverhalten wiederholt. Eine ganz pauschale Formulierung wie »unkorrekte Arbeitsweise« sollten Sie nicht hinnehmen. Trotzdem gilt:

- Die Abmahnung kommt in Ihre Personalakte.
- Sie können und sollten zu der Abmahnung Stellung nehmen –

ebenfalls schriftlich. Sie sollten auf jeden Fall – selbst wenn die Abmahnung gerechtfertigt gewesen sein sollte – Ihre Sicht der Dinge darstellen. Bei einer späteren Kündigungsschutzklage (siehe unten), in der sich Ihr Arbeitgeber auf die Abmahnung beruft, kann dies von Wichtigkeit sein.

- Ihre Stellungnahme wird ebenfalls in die Personalakte eingefügt.
- Stellt sich heraus, daß die Abmahnung ungerechtfertigt war, können Sie ihre Entfernung aus der Personalakte verlangen. Dabei und auch bei der Formulierung Ihrer Stellungnahme ist Ihnen sicher der Betriebs- bzw. Personalrat behilflich. Sie sollten jedoch wissen, daß Sie später selbst dann Kündigungsschutzklage erheben können, wenn Sie auf eine Abmahnung, die später zu einer Kündigung führte, nicht reagiert haben.
- Als letzten Schritt können Sie Klage vor dem Arbeitsgericht gegen die Abmahnung erheben. Das macht allerdings eine gute, kollegiale Zusammenarbeit im Betrieb sicher nicht einfacher.
- Abmahnungen werden nach einem bestimmten Zeitraum »wirkungslos«: Zwei bis drei Jahre später kann sich Ihr Chef bei einer Kündigung nicht mehr darauf berufen, wenn Sie sich in der Zwischenzeit keine weiteren Fehler geleistet haben.

Kündigungsschutzgesetz

Das Kündigungsschutzgesetz gilt für Sie immer dann,

- wenn Sie mindestens sechs Monate vor der Kündigung in der Firma tätig waren und
- wenn in dem Betrieb mindestens sechs Arbeitnehmer beschäftigt sind (Auszubildende und Teilzeitkräfte unter zehn Wochenstunden werden dabei nicht mitgerechnet).

Grundsätzlich unterscheidet man zwischen ordentlicher (fristgerechter) und außerordentlicher (fristloser) Kündigung.

Kündigungsarten

Ordentliche Kündigung braucht keinen sachlichen Grund, um rechtswirksam zu sein. Dies gilt in der Betriebspraxis vor allem dann, wenn Sie als Arbeitnehmerin kündigen.

- verlangt vom Arbeitgeber laut Gesetz (§ 1 des Kündigungsschutzgesetzes) das Vorliegen eines »sozial gerechtfertigten Grundes«. Diesen Grund muß Ihr Chef Ihnen im Kündigungsschreiben nicht nennen, jedoch dem Betriebs- oder Personalrat. Erst bei einem Kündigungsschutzprozeß (siehe Seite 121) werden die Gründe für Sie und Ihren Anwalt offensichtlich und müssen dann auch bewiesen werden. Man unterscheidet
  - betriebsbedingte Gründe:
    z. B. die Stillegung des Betriebs oder einzelner Abteilungen, Auftragsmangel, Umsatzmangel, Rationalisierung;
  - verhaltensbedingte Gründe:
    z. B. Arbeitsverweigerung, wiederholtes Zuspätkommen, geringe oder schlechte Arbeitsleistung. Im Regelfall wird der Arbeitgeber vor einer Kündigung aus verhaltensbedingten Gründen eine Abmahnung (siehe oben) aussprechen.
  - personenbedingte Gründe:
    z. B. unverhältnismäßiges Nachlassen Ihrer Leistungsfähigkeit, mangelnde Eignung oder Anpassungsfähigkeit, aber auch langanhaltende Krankheiten. Es ist leider eine irrige Annahme, daß Sie wegen Krankheit grundsätzlich nicht gekündigt werden können. Es muß allerdings nach neuester Rechtsprechung klar sein, daß Ihre Krankheit in absehbarer Zeit nicht heilbar ist (Dauererkrankung) oder Sie unter einer Krankheit leiden, die immer wieder auftritt (häufige Kurzerkrankungen).
  - Sozial gerechtfertigte Gesichtspunkte bedeutet auch die Rücksichtnahme auf Ihre persönlichen Lebensumstände. Nach der gängigen Rechtsprechung soll zuerst denjenigen Arbeitnehmern

gekündigt werden, die auf die Erhaltung ihres Arbeitsplatzes am wenigsten angewiesen sind. Dabei werden z. B. Ihre Berufsaussichten, die Dauer Ihrer Betriebszugehörigkeit und Ihr Lebensalter genauso ins Kalkül gezogen wie auch die Anzahl Ihrer Kinder oder die Einkünfte anderer Familienmitglieder.

- ist in der Regel an bestimmte Fristen und Termine gebunden. An diese müssen sowohl Sie wie auch Ihr Arbeitgeber sich halten. Meist sind die im Tarifvertrag vereinbarten Kündigungsfristen für Sie als Arbeitnehmerin günstiger. Nach den neuen gesetzlichen Vorschriften bestehen diese auch weiterhin, allerdings muß darauf geachtet werden, daß für Arbeiter und Angestellte gleiche Kündigungsfristen gelten.
- ist nur bei unbefristeten Arbeitsverhältnissen erlaubt. Befristete Arbeitsverhältnisse enden ja sowieso mit dem ursprünglich vereinbarten Ende des Arbeitsvertrages. Ausnahme: wenn in Ihrem befristeten Arbeitsvertrag auch eine ordentliche Kündigung vorgesehen ist;
- kann bereits ausgesprochen werden, bevor Sie Ihre Arbeit überhaupt aufgenommen haben;
- kann durch Tarifvertrag oder Einzelvereinbarung ausgeschlossen werden.
- muß nicht unbedingt schriftlich erfolgen. Auch mündliche Kündigungen sind gültig – wenn im Tarifvertrag nichts anderes vereinbart ist. Aus Beweisgründen werden Kündigungen jedoch in den meisten Fällen schriftlich erfolgen;
- wird erst dann gültig, wenn sie dem Gekündigten zugeht. Das gilt sowohl für Sie als Arbeitnehmerin als auch für Ihren Arbeitgeber. Wird Ihnen die Kündigung also nicht persönlich übergeben (oder drücken Sie Ihr Kündigungsschreiben Ihrem Chef nicht direkt in die Hand), dann ist die Kündigung erst dann wirksam, wenn sie in »den Einflußbereich des Empfängers« gelangt ist – also mit der Zustellung durch die Post. Sicherheitshalber sollten Sie Ihre Kündigung also per Einschreiben mit Rückschein schicken.

- kann nicht rückwirkend ausgesprochen werden. Kein Arbeitgeber – auch nicht Sie als Arbeitnehmerin – können das Arbeitsverhältnis rückwirkend kündigen.
- kann nicht einfach zurückgenommen werden. Erst wenn Sie sich – oder im umgekehrten Fall Ihr Arbeitgeber – damit einverstanden erklären, wird das Arbeitsverhältnis erneuert oder fortgesetzt.

(Quelle: BMfAuS)

Kündigungsfristen. Normalerweise gilt seit Oktober 1993 eine Kündigungsfrist von vier Wochen zum 15. oder zum Ende des Monats. Damit sind Arbeiterinnen und Angestellte gesetzlich endlich gleichgestellt. Sind Sie jedoch schon länger in der Firma angestellt, gilt (für alle Beschäftigungsjahre im Betrieb nach dem 25. Lebensjahr) dies:

- wenn Sie 2 Jahre im Betrieb waren: 1 Monat zum Monatsende
- wenn Sie 5 Jahre im Betrieb waren: 2 Monate zum Monatsende
- wenn Sie 8 Jahre im Betrieb waren: 3 Monate zum Monatsende
- wenn Sie 10 Jahre im Betrieb waren: 4 Monate zum Monatsende
- wenn Sie 12 Jahre im Betrieb waren: 5 Monate zum Monatsende
- wenn Sie 15 Jahre im Betrieb waren: 6 Monate zum Monatsende
- wenn Sie 20 Jahre im Betrieb waren: 7 Monate zum Monatsende

In den Tarifverträgen sind zum Teil andere, längere Kündigungsfristen vorgeschrieben. Diese gelten dann bei einer Kündigung durch den Arbeitgeber auch für Sie. Denn nach dem sogenannten Günstigkeitsprinzip muß immer die für Sie als Arbeitnehmerin beste Regelung angewandt werden.

- Die Kündigungsfrist beginnt erst mit dem Zugang der Kündigung.
- Selbst wenn Sie schriftlich bestätigen, daß Sie die Kündigung bekommen bzw. entgegengenommen haben, ist dies – rechtlich gesehen – keine Annahme der Kündigung. Lassen Sie sich da nicht verunsichern: Sie können also immer noch Kündigungsschutzklage

vor dem Arbeitsgericht einreichen. Mit einer schriftlichen Bestätigung möchte der Arbeitgeber lediglich beweisen können, daß er Ihnen die Kündigung zugestellt hat.

- Während der vereinbarten Probezeit (längstens sechs Monate) gilt eine Kündigungsfrist von zwei Wochen.
- Unzulässig ist eine Kündigung, wenn Sie schwanger sind, in den ersten vier Monaten nach der Entbindung und während des Erziehungsurlaubs (siehe Kapitel 5).

Änderungskündigung. Teilkündigungen sind nicht erlaubt. Der Unternehmer kann also nicht einzelne Bestimmungen Ihres Arbeitsvertrages kündigen. Dafür muß er eine Änderungskündigung aussprechen: Sie bezweckt die Änderung einzelner Arbeitsbedingungen. Wenn Sie aber nicht zustimmen, führt eine Änderungskündigung zur Beendigung des gesamten Arbeitsvertrages.

Achtung: Eine Änderungskündigung ist in bestimmten Fällen auch als außerordentliche Kündigung (siehe unten) zulässig. Und zwar dann, wenn die Änderung der Arbeitsbedingungen unabweisbar notwendig ist und die neuen Bedingungen für Sie als Arbeitnehmerin zumutbar sind. In Zweifelsfällen sollten Sie immer den Betriebs- oder Personalrat um Rat fragen.

Außerordentliche (fristlose) Kündigung. Fristlos kann Ihnen nur dann gekündigt werden, wenn ein wichtiger Grund vorliegt. Dieser »wichtige Grund« wird im Kündigungsschutzgesetz allerdings nicht ausdrücklich benannt. Nach dem Bürgerlichen Gesetzbuch (§ 626) soll es sich dabei um Gründe handeln, die es dem Arbeitgeber aus bestimmten Tatsachen heraus unmöglich machen, das Arbeitsverhältnis fortzusetzen. In der Regel geht der fristlosen Kündigung eine Abmahnung voraus. Nur wenn eine Straftat vorliegt, kann eine fristlose Entlassung ohne vorherige Abmahnung gerechtfertigt sein. Die außerordentliche Kündigung muß für Ihren Boß die unausweichlich letzte Maßnahme sein. In der Rechtsprechung werden folgende Gründe für eine außerordentliche und damit fristlose Kündigung anerkannt:

– wenn Sie beharrlich die Arbeit verweigern,
– wenn Sie den Arbeitgeber oder direkten Vorgesetzten beleidigen,
– wenn Sie Ihren Arbeitgeber betrügen. Dazu kann schon das ausdrücklich unerlaubte Telefonieren von einem Firmenapparat aus, aber natürlich auch eine bewußt falsche Spesenabrechnung zählen;
– wenn Sie in Ihrer Firma einen Diebstahl begehen. Auch die Mitnahme von Waren oder Arbeitsmaterialien rechnet man dazu;
– wenn Sie im Betrieb gegenüber Mitarbeitern oder Vorgesetzten tätlich werden;
– wenn Sie unentschuldigt fehlen. Achtung: Im Gegensatz zur weitverbreiteten Meinung genügt hier schon ein einmaliges unentschuldigtes Fehlen,
– wenn Sie eine Krankheit vortäuschen.

Die außerordentliche Kündigung muß innerhalb von zwei Wochen nach Bekanntwerden des Kündigungsgrundes erfolgen. Auch dies ist im BGB genau festgelegt. Ist diese 14-Tage-Frist verstrichen, kann der Arbeitgeber nur noch eine ordentliche Kündigung zu den üblichen Kündigungsfristen (siehe oben) aussprechen.

(Quelle: BMfAuS)

Kündigungsschutzklage

Man kann jedem Arbeitnehmer nur empfehlen, gegen eine Kündigung beim Arbeitsgericht Klage einzureichen.

- Zunächst müssen Sie klären lassen, ob eine Kündigungsschutzklage überhaupt Aussicht auf Erfolg hat. Informieren Sie sich beim Betriebs- oder Personalrat über die Kündigungsgründe und auch über die soziale Auswahl. Ihre Gewerkschaft steht Ihnen mit einer Rechtsberatung zur Seite. Unabhängig davon können Sie natürlich selbst einen Anwalt mit Ihrer Vertretung beauftragen. In vielen Rechtsschutzversicherungen sind auch Arbeitsgerichtsprozesse mitversichert. Erkundigen Sie sich danach.

- Wenn Sie Klage erheben wollen, müssen Sie sich an eine bedauerlicherweise sehr kurze *Frist* halten: Innerhalb von drei Wochen nach Zugang der Kündigung muß Ihr Anwalt beim Arbeitsgericht Klage einreichen. Sie können dies auch selbst, ohne Anwalt tun – doch ist dies sicher kaum empfehlenswert.
- Wenn Sie Klage erheben und nicht mehr in der Firma tätig sind (weil Sie vielleicht freigestellt wurden), sollten Sie Ihrem Arbeitgeber schriftlich oder vor Zeugen mündlich Ihre Arbeitskraft anbieten. Damit sichern Sie Ihren Lohn- bzw. Gehaltsanspruch. Ihr Chef muß Sie dann auffordern, wieder zur Arbeit zu erscheinen. Tut er dies daraufhin nicht, können Sie bis zum Abschluß des Arbeitsgerichtsprozesses zu Hause bleiben.
- In vielen Fällen schlägt das Arbeitsgericht einen Vergleich vor; vor allem dann, wenn die Kündigung durch den Arbeitgeber nicht zulässig war, ihm aber die Fortsetzung des Arbeitsverhältnisses nicht zugemutet werden kann. Dann wird das Gericht versuchen, Ihnen mit einer Abfindung durch den Arbeitgeber entgegenzukommen. Im Kündigungsschutzgesetz (§ 9 und 10) sind entsprechende Regelungen vorgesehen.

Arbeitspapiere

Bei Ihrem Ausscheiden aus dem Betrieb stehen Ihnen nicht nur das Arbeitszeugnis (siehe unten), sondern auch Ihre Arbeitspapiere zu. Dazu gehören z. B. die Lohnsteuerkarte, Ihr Versicherungsnachweisheft, Ihr Sozialversicherungsausweis.

Die meisten Unternehmen verlangen bei Übergabe dieser Papiere eine sogenannte Ausgleichsquittung, auf der Sie unterschreiben müssen, daß Sie alle Papiere erhalten haben. Seien Sie bei dieser Unterschrift vorsichtig, lesen Sie die Quittung genau durch! In vielen Betrieben ist es üblich, in der Ausgleichsquittung eine Klausel zu »verstecken«, in der Sie auf »weitere Ansprüche gegen die Firma« verzichten bzw. Ihnen diese nicht zustehen.

Nach Urteilen des Bundesarbeitsgerichts bleiben damit zwar Ansprüche aus dem Mutterschutzgesetz, aus einem Tarifvertrag oder einer Betriebsvereinbarung, zu den gesetzlichen Urlaubs- und Urlaubsgeldansprüchen, zum Zeugnis sowie einer betrieblichen Altersversorgung unberührt. Sie verzichten mit Ihrer Unterschrift auch nicht automatisch auf eine Kündigungsschutzklage. Aber Sie verzichten unter Umständen noch auf Lohn- oder Gehaltsansprüche. Deshalb sollten Sie eine solche Klausel vor der Unterschrift durchstreichen. Der Arbeitgeber kann Ihre Unterschrift nicht zwingend einfordern.

Arbeitszeugnis

Ganz gleich, ob Sie selbst kündigen oder Ihnen der Arbeitgeber die Kündigung ausspricht: Sie haben Anspruch auf ein schriftliches Arbeitszeugnis. Das ist im Bürgerlichen Gesetzbuch (§ 630) geregelt.

- Das Zeugnis müssen Sie spätestens bei Ablauf der Kündigungsfrist in Händen haben. Für befristete Arbeitsverhältnisse gilt sogar eine Frist von vier Wochen vor dem Ende des Arbeitsvertrags.
- Eine bestimmte Form muß gewahrt sein: Ein Zeugnis darf nicht handgeschrieben sein und hat auf einem Briefbogen mit der Firmenanschrift zu stehen. Das Ausstellungsdatum darf nicht fehlen. Das Zeugnis muß außerdem vom Arbeitgeber oder Ihrem höchsten Vorgesetzten unterschrieben sein.

- Im einfachen Arbeitszeugnis sind nur Angaben zu Ihrer Person (Name, Geburtsdatum) sowie die Art und Dauer des Arbeitsverhältnisses enthalten. Unterbrechungen des Arbeitsverhältnisses durch Krankheit dürfen nur dann erwähnt werden, wenn die Krankheit ungewöhnlich lange gedauert hat.
- Im qualifizierten Zeugnis werden Leistungen und Ihre Führung im Betrieb beschrieben. Sie können ein solches Zeugnis verlangen – und der Arbeitgeber muß es Ihnen dann auch ausstellen. Da der Grundsatz gilt, daß Ihnen durch das Zeugnis der weitere Berufsweg nicht unnötig erschwert werden sollte, dürfen keinerlei negative Hinweise aufgeführt sein. Hier müssen Sie genau aufpassen: Es gibt eine »Zeugnissprache«, die in verschlüsselter Form negative Beurteilungen enthält. Auf den ersten Blick positive Formulierungen bedeuten so in Wirklichkeit nichts Gutes. Jeder Personalchef, aber mit ein bißchen genauem Hinschauen auch Sie als Arbeitnehmerin, können dies erkennen. Es gibt mittlerweile auch etliche Bücher, die sich mit diesem Thema beschäftigen und in denen die Zeugnissprache aufgeschlüsselt wird.
- Wenn Sie nicht zufrieden sind, können Sie Ihr Zeugnis zurückgeben und neue Formulierungen verlangen. Der Arbeitgeber muß Ihrer Aufforderung in möglichst kurzer Zeit nachkommen. Tut er dies nicht, können Sie innerhalb von sechs Wochen vor dem Arbeitsgericht eine »Berichtigungsklage« einreichen. Auch hierbei sollten Sie sich entweder gewerkschaftlich oder anwaltlich beraten lassen.

Achtung beim Auflösungsvertrag!

Manchmal bietet Ihr Arbeitgeber Ihnen einen Auflösungsvertrag an, der unter Umständen mit beträchtlichen Sonderzahlungen verbunden ist. Damit wird Ihr Arbeitsverhältnis »einvernehmlich« beendet. Ein Auflösungs- oder Aufhebungsvertrag muß nicht schriftlich abgefaßt werden. Eine *ausdrückliche* mündliche Vereinbarung reicht aus. Damit verzichten Sie allerdings auf jeglichen Kündigungsschutz und oft auch auf alle weiteren Ansprüche gegen Ihren Arbeitnehmer. Auch Bestimmungen des Mutterschutz- und des Schwerbehindertengesetzes gelten dann nicht mehr: Als Schwangere verzichten Sie z. B. auf alle finanziellen Vorteile, die Ihnen aus Mutterschutz- und Erziehungsgeldgesetz entstehen. Besondere Vorsicht sollten Sie walten lassen, wenn Ihnen ein Auflösungsvertrag statt einer Kündigung angeboten wird. Betriebs- und Personalrat werden an solch einem Aufhebungsvertrag nicht beteiligt, oft nicht einmal davon informiert. Oft hat der Arbeitgeber nicht genügend Gründe für eine Kündigung und wählt dann den Weg über den Aufhebungsvertrag, um Sie als Arbeitnehmerin loszuwerden. Beim Arbeitsamt kommt es – da Sie mit der Zustimmung zur Auflösung Ihres Arbeitsverhältnisses ja nicht gekündigt werden – zu einer Sperrzeit (siehe unten). Die können Sie nur dann vermeiden, wenn Ihr Chef Ihnen schriftlich bestätigt, daß der Aufhebungsvertrag ausschließlich aus betriebsbedingten Gründen abgeschlossen wurde.

Arbeitslos – was nun?

Gerade Frauen sind besonders häufig von Arbeitslosigkeit betroffen. Auch die neuesten Statistiken der Bundesanstalt für Arbeit in Nürnberg zeigen dies:

- Im Bundesgebiet Ost sieht es wesentlich schlimmer aus als im Westen.
  Insgesamt sind in den neuen Bundesländern mehr als eine Million Menschen arbeitslos. Davon sind weit über 600 000 Frauen. Die Arbeitslosenrate zeigt: 8,9 Prozent der männlichen Arbeitnehmer haben keine Arbeit – gegenüber 19,5 Prozent arbeitsloser Arbeitnehmerinnen.
- Im Bundesgebiet West sind von mehr als 2,4 Millionen Arbeitslosen

weit über eine Million Frauen. Die Arbeitslosenrate ist höher als die der Männer: 8,6 Prozent der männlichen Arbeitnehmer waren ohne Arbeit gegenüber 9 Prozent der Arbeitnehmerinnen (Stand: Oktober 1994, Quelle: BA Nürnberg, Statistisches Bundesamt Wiesbaden).

Beim Arbeitsamt

Wenn Sie aus Ihrem Betrieb ausscheiden, ohne einen neuen Arbeitsplatz in Aussicht zu haben, sollten Sie schon möglichst frühzeitig beim Arbeitsamt vorsprechen. Bereits nach Erhalt Ihrer Kündigung können Sie Arbeitslosengeld beantragen, können sich auch für die Arbeitsvermittlung melden. Natürlich werden Sie erst ab dem Zeitpunkt Geld erhalten bzw. vermittelbar, an dem Sie tatsächlich ausgeschieden sind.

Achtung: Wenn Sie selbst gekündigt haben, kann – und wird! – das Arbeitsamt in den meisten Fällen eine Sperrzeit verhängen. Zwölf Wochen lang erhalten Sie kein Arbeitslosengeld. Auch wenn Sie einen Auflösungsvertrag unterschrieben haben, geht das Arbeitsamt davon aus, daß Sie Ihre Arbeitslosigkeit »grob fahrlässig selbst verursacht« haben. Dann gilt ebenfalls die Zwölf-Wochen-Sperrfrist.

Werden Sie arbeitslos, so müssen Sie

- sich persönlich und rechtzeitig beim Arbeitsamt melden. Rechtzeitig heißt, spätestens 14 Tage vor Beendigung Ihres Arbeitsverhältnisses;
- Arbeitslosengeld beantragen;
- der Arbeitsvermittlung zur Verfügung stehen.

Die rechtzeitige Meldung beim Arbeitsamt ist vor allem deshalb wichtig, weil Sie weiterhin krankenversichert sein müssen. In der Zeit Ihrer Arbeitslosigkeit übernimmt das Arbeitsamt beitragsfrei die Versicherung in der gesetzlichen Krankenkasse. Waren Sie bisher privat versichert, können Sie automatisch Mitglied der AOK werden.

(Quelle: BMfAuS)

- Beim Arbeitsamt müssen Sie folgende Unterlagen vorlegen:
  - das Kündigungsschreiben,
  - Ihre Zeugnisse,
  - Ihre Verdienstbescheinigung,
  - Ihre Sozialversicherungsunterlagen,
  - Ihre Lohnsteuerkarte,
  - evtl. Arbeitsbescheinigungen,
  - evtl. Teilnahmebescheinigungen an Fortbildungskursen,
  - Ihre eigene Kontonummer,
  - Ihren Personalausweis,
  - Paßbilder.

Sie sollten sich natürlich nicht ausschließlich auf die Vermittlung durchs Arbeitsamt verlassen. So mancher Arbeitgeber hat Vorbehalte, wenn er »jemanden vom Arbeitsamt« einstellen soll. Studieren Sie auf jeden Fall selbst die Stellenangebote in den Tageszeitungen, sprechen Sie selbst bei den Firmen Ihres Wohnorts vor. Wenn Sie sich selbst um eine Arbeitsstelle bemühen, werden Sie vom Arbeitsamt mit Zuschüssen unterstützt:

- Bewerbungskosten (höchstens 200 Mark innerhalb von sechs Monaten),
- Reise- oder Umzugskosten (wenn Sie eine auswärtige Arbeitsstelle finden und antreten),
- Arbeitsausrüstung,
- Trennungsbeihilfe (wenn Sie wegen Ihrer neuen Arbeitsstelle von Ihrer Familie getrennt leben müssen),
- Überbrückungshilfe (wird in besonderen Härtefällen zum Überbrücken des Zeitraums bis zur ersten Lohn- oder Gehaltszahlung gewährt),
- Überbrückungsgeld (zur Sicherung Ihres Lebensunterhalts für die Anlaufzeit einer selbständigen Tätigkeit, mit der Ihre Arbeitslosigkeit nach Bezug von mindestens vier Wochen Arbeitslosengeld oder -hilfe beendet wird) sind dafür vorgesehen.

Sie sollten sich beim Arbeitsamt informieren und beraten lassen, welche Zuschüsse Sie in Ihrem Fall beantragen können. (Quelle: BMfFJ)

Die finanziellen Hilfen des Arbeitsamtes. Voraussetzung für den Bezug der Leistungen der Arbeitsämter ist,

- daß Sie innerhalb der letzten drei Jahre vor der Arbeitslosmeldung mindestens 360 Tage beitragspflichtig gewesen sind oder
- daß Sie gleichgestellte Zeiten zurückgelegt haben.

Die Höhe des Arbeitslosengeldes wird nach Ihrem bisherigen Verdienst berechnet. Es wird gestaffelt für insgesamt höchstens 32 Monate bezahlt. Gestaffelt wird nach dem Lebensalter und danach, wie lange Sie in den vergangenen sieben Jahren beschäftigt waren:

- unter dem 42. Lebensjahr erhalten Sie nach mindestens zwei Jahren Beschäftigung Arbeitslosengeld für höchstens zwölf Monate;
- ab dem 42. Lebensjahr und mindestens drei Jahren Beschäftigung für höchstens 18 Monate;
- ab dem 44. Lebensjahr und drei Jahren und acht Monaten Beschäftigung für höchstens 22 Monate;
- ab dem 49. Lebensjahr und mindestens vier Jahren und vier Monaten Beschäftigung für höchstens 26 Monate und
- ab dem 54. Lebensjahr mit mindestens fünf Jahren und vier Monaten Beschäftigung höchstens 32 Monate.

Danach haben Sie für ein Jahr Anspruch auf Arbeitslosenhilfe. Auf der Grundlage Ihres letzten Nettoeinkommens werden folgende Sätze bezahlt:

	mit Kind	ohne Kind
Arbeitslosengeld	67 %	60 %
Arbeitslosenhilfe	57 %	53 %

Für beides gilt eine Höchstbemessungsgrenze: 1994 lag diese bei 7600 Mark monatlich in den alten, bei 5900 Mark in den neuen Bundesländern.

Anspruch auf Arbeitslosenhilfe besteht auch dann, wenn Sie zwar kein Arbeitslosengeld bezogen haben, aber innerhalb eines Jahres vor Ihrer Arbeitslosenmeldung bestimmte Voraussetzungen erfüllt haben: z. B. als Beamtin beschäftigt oder 150 Kalendertage beitragspflichtig waren. Die Arbeitslosenhilfe mindert sich oder entfällt sogar, wenn auf Grund der Bedürftigkeitsprüfung Einkommen oder Vermögen zu berücksichtigen ist. Bei dieser Prüfung zählt auch das Einkommen eines nicht dauernd von Ihnen getrennt lebenden Ehepartners mit.

(Quelle: BMfAuS)

Der Weg in die Selbständigkeit – eine Alternative?

Nicht nur das Arbeitsamt mit dem Überbrückungsgeld (siehe oben) unterstützt Sie als arbeitslose Arbeitnehmerin, wenn Sie den Sprung in die Selbständigkeit wagen wollen. Auch Bund und Länder stehen Ihnen mit finanziellen Hilfen, z. B. besonders guten Darlehensbedingungen, zur Seite. Natürlich müssen Sie alle Vor- und Nachteile genau abwägen. Aber bedenken Sie auch:

- Noch nie waren so viele Frauen als Unternehmerinnen und Selbständige aktiv.
- Die Zahl beruflich selbständiger Frauen steigt immer weiter. Zur Zeit wird etwa jedes dritte Unternehmen von einer Frau gegründet.
- Wenn Sie eine gute Geschäftsidee haben, wenn Sie glauben, sich in der freien Wirtschaft durchsetzen zu können, sollten Sie den Gedanken an eine berufliche Selbständigkeit zumindest einmal durchspielen.*

*Im selben Verlag und von derselben Autorin ist ein Buch zu diesem Thema erschienen (Heyne-Buch Nr. 08/9491 »Wie mache ich mich selbständig?«), in dem Sie viele Anregungen und Hilfestellungen zu diesem Thema finden.

Kapitel 7:
Vorsorge treffen – nicht nur für Gesundheit und Alter

Ungeschützte Arbeitsverhältnisse

Der Deutsche Gewerkschaftsbund (DGB) nennt sozialversicherungsfreie Arbeitsverhältnisse schlicht, aber zutreffend »ungeschützte Arbeitsverhältnisse«. Denn wer nur als geringfügig Beschäftigte arbeitet, genießt nicht den Schutz der Sozialversicherung, ist also nicht in der Renten-, Arbeitslosen- oder Krankenversicherung.

Nach einer Untersuchung des Bundesarbeitsministeriums gibt es in der Bundesrepublik 4,4 Millionen geringfügig Beschäftigte. (Diese Zahl gilt als Mindestzahl und wird vom DGB angezweifelt.) Davon entfallen auf die alten Bundesländer etwa 3,8 Millionen – das entspricht 86 Prozent; in den neuen Bundesländern arbeiten 620 000 Arbeitnehmer sozialversicherungsfrei – das sind 14 Prozent (Stand 1992):

Im Westen sind laut Statistik ein Großteil davon Frauen: nach der Studie des Ministeriums 1,8 Millionen. Im Durchschnitt sind sie verheiratet, zwischen 25 und 54 Jahre alt und Hausfrau.

In den neuen Bundesländern sieht dies ganz anders aus: Dort sind mehr Männer (53 Prozent) als Frauen (47 Prozent) sozialversicherungsfrei beschäftigt (Stand: 1992). Hausfrauen sind hier außerdem kaum vertreten. Der Grund: Frauen waren in der ehemaligen DDR viel öfter voll erwerbstätig; deshalb sind sie jetzt (noch) besser sozial abgesichert (z. B. durch Lohnersatzleistungen) als im Westen. Experten fürchten jedoch, daß diese untypische Situation sich schon geändert hat.

Trotz des geringen Einkommens benötigen – das zeigen Untersuchungen der Bundesanstalt für Arbeit – viele der Betroffenen den Lohn aus dem sozialversicherungsfreien Arbeitsverhältnis zum Lebensunterhalt: In den alten Bundesländern sind das 28 Prozent, in den neuen Ländern über die Hälfte, nämlich 52 Prozent.

Im fünften Kapitel haben wir ausdrücklich beschrieben, wann man in einem »ungeschützten Arbeitsverhältnis« steht. Nach dem Sozialgesetzbuch IV ist dies der Fall,

- wenn Sie weniger als 15 Wochenstunden arbeiten,
- wenn Sie einen Brutto-Monatslohn von nicht mehr als 580 Mark (470 Mark in den neuen Bundesländern) haben,
- wenn Sie von vornherein nur zwei Kalendermonate oder insgesamt 50 Tage im Jahr arbeiten (dann kommt es übrigens auch nicht auf die Höhe des Lohns an).

Der Arbeitgeber bezahlt in diesen Fällen die Beiträge für Renten- und Krankenversicherung. Versicherungspflicht für die Arbeitslosenversicherung besteht nur, wenn Sie mehr als 18 Wochenstunden arbeiten. Dann dürfen Sie bis zu 610 Mark monatlich (in Ostberlin 500 Mark) verdienen.

Sie bezahlen als geringfügig Beschäftigte zwar keine eigenen Beiträge zur Sozialversicherung; doch sind Sie als Arbeitnehmerin bei weitem schlechter gestellt. Denn Sie haben keine Möglichkeit, sich eine eigenständige, das heißt wirtschaftlich unabhängige Sicherung zu schaffen. Bei Krankheit, Arbeitslosigkeit oder Invalidität werden Sie im sozialen Netz nur unzureichend aufgefangen. Im einzelnen wirkt sich die ungeschützte Beschäftigung so aus:

- Sie haben keinen Schutz in der Arbeitslosenversicherung. Das heißt, keinen Anspruch auf Arbeitslosengeld und Arbeitslosenhilfe, keine sonstigen Ansprüche auf Leistungen nach dem Arbeitsförderungsgesetz, z. B. Unterhaltsgeld, Übergangsgeld, Kurzarbeitergeld, Schlechtwettergeld. Wenn Sie wirklich arbeitslos werden, sind Sie ganz von Ihrem Ehemann oder Ihrer Familie abhängig. Haben Sie keinen Ehemann, oder kann weder er noch Ihre Familie für Ihren Unterhalt aufkommen, müssen Sie zum Sozialamt gehen.

- Sie haben keinen eigenständigen Schutz in der Rentenversicherung. Das bedeutet, im Rentenalter und bei Frühinvalidität sind Sie wirtschaftlich völlig vom Ehepartner oder von der Hinterbliebenenrente (das sind 60 Prozent der Rente des Ehemannes) abhängig. Ist dies nicht möglich, bleibt Ihnen ebenfalls nur der Weg zum Sozialamt.
- Sie haben keinen eigenen Schutz in der Krankenversicherung. Damit haben Sie keinen Anspruch auf Krankengeld. Sie sind darauf angewiesen, daß Sie – wenn vorhanden – bei Ihrem Ehemann mitversichert sind.

Die Gewerkschaften fordern schon seit langem, daß die sozial ungeschützten Beschäftigungen abgeschafft und künftig alle Arbeitnehmer – ganz gleich, ob vollzeit- oder teilzeitbeschäftigt mit geringer Stundenzahl und geringem Lohn – versicherungspflichtig werden. Leider stößt dies beim Gesetzgeber nicht auf Entgegenkommen.

(Quelle: DGB)

Mittlerweile gelten wenigstens fast alle normalen arbeitsrechtlichen Bedingungen auch für geringfügig Beschäftigte: Sie haben also Anspruch auf

- bezahlten Urlaub samt Urlaubsgeld,
- Feiertagsvergütung,
- Lohnfortzahlung im Krankheitsfall,
- Kündigungsschutz,
- Mutterschutz.

Dagegen besteht kein Anspruch auf Mutterschaftsgeld. Statt dessen können Sie einen Betrag von 400 Mark für die gesamte Zeit der Schutzfristen bekommen. Dieses Geld wird nur auf Antrag beim Bundesversicherungsamt (Adresse siehe Kapitel 10) und nicht automatisch bezahlt.

Was umfaßt die Sozialversicherung?

Das Lexikon definiert die Sozialversicherung als »eine staatliche Zwangsversicherung zum Schutz der Arbeitnehmer vor den Folgen von Krankheit, Erwerbs- und Berufsunfähigkeit, vor Betriebsunfällen, Alter und Tod«. Die Sozialversicherung umfaßt also die Arbeitslosen-, Kranken-, Pflege-, Renten- und Unfallversicherung. Alle fünf Versicherungen sind für Arbeitnehmer in der Bundesrepublik unter bestimmten Umständen Pflicht:

- wenn Sie Vollzeitbeschäftigte sind,
- wenn Sie teilzeitbeschäftigt, aber nicht geringfügig beschäftigt (siehe oben und Kapitel 5) arbeiten.

Sogar wenn Sie arbeitslos werden, sind Sie in den meisten Fällen und unter bestimmten Bedingungen automatisch weiterhin kranken- und rentenversichert.

Die Arbeitslosenversicherung

Der Beitrag für die Arbeitslosenversicherung wird Ihnen als Arbeitnehmerin gleich vom Lohn bzw. Gehalt einbehalten: Sie und Ihr Arbeitgeber tragen je die Hälfte des Beitrags, und zwar je 3,25 Prozent bis zur Höhe der Beitragsbemessungsgrenze in der Rentenversicherung.

Beitragsbemessungsgrenze. Derzeit liegt die Beitragsbemessungsgrenze (Stand 1995) bei jährlich 93 600 Mark – das entspricht 7800 Mark monatlich – in den westlichen Bundesländern; nur für Ostberlin gilt eine Grenze von 76 800 Mark jährlich bzw. 6400 Mark monatlich.

Leistungen. Die Bundesanstalt für Arbeit in Nürnberg, der die Landesarbeitsämter und auch die örtlichen Arbeitsämter unterstellt sind, verwendet dieses Geld

- für Arbeitslose:
  Unter bestimmten Bedingungen (Näheres siehe Kapitel 6) erhalten Sie von der Bundesanstalt für Arbeit Arbeitslosengeld und Arbeitslosenhilfe. Auch Kurzarbeitergeld, Wintergeld, Schlechtwettergeld werden von den Arbeitsämtern ausbezahlt;
- zur Erhaltung und Schaffung von Arbeitsplätzen:
  Maßnahmen zur Beschaffung von Arbeitsplätzen – sog. ABM – gelten noch bis Ende 1995. Sie sollen dafür sorgen, daß zusätzliche Arbeitsplätze für Arbeitslose geschaffen werden können.
- zur Förderung der beruflichen Bildung:
  Ob Ausbildung, Fortbildung oder Umschulung – auch diese Leistungen werden unter bestimmten Voraussetzungen gewährt. Es werden vom Arbeitsamt auch Einarbeitungszuschüsse für neue, bisher arbeitslose Mitarbeiter gewährt, die ihre volle Leistung erst nach einer Einarbeitungszeit erreichen können;
- zur Rehabilitation;
- zur Förderung der Arbeitsaufnahme:
  Darunter fallen alle finanziellen Hilfen, die Sie als Arbeitsloser erhalten, die Ihnen die Aufnahme einer Arbeit erleichtern. Auch wenn Sie noch fest angestellt sind, Ihnen aber Arbeitslosigkeit droht, können Sie Hilfen erhalten. Dazu zählen z. B. die Zuschüsse zu Bewerbungskosten, Überbrückungsbeihilfen oder Trennungsbeihilfen;
- zur Bekämpfung der Langzeitarbeitslosigkeit:
  Es gibt mehrere Sonderprogramme des Bundes, die Arbeitgebern mit Zuschüssen bei der Eingliederung von Langzeitarbeitslosen finanziell zur Seite stehen;
- zur Aufnahme einer selbständigen Tätigkeit:
  Falls Sie sich für den Weg in die Selbständigkeit entschließen, haben Sie – ebenfalls unter bestimmten Voraussetzungen – Anspruch auf Zuschüsse durchs Arbeitsamt;

- bei Zahlungsunfähigkeit des Arbeitgebers:
  Geht Ihre Firma in Konkurs und ist Ihr Arbeitgeber mit Lohn oder Gehalt im Rückstand, springt das Arbeitsamt ein und bezahlt als Ausgleich dafür Konkursausfallgeld.

(Quelle: BMfAuS)

Ein Teil dieser Leistungen ist von Beitragszahlungen unabhängig: Berufsberatung und Arbeitsvermittlung können Sie z. B. immer in Anspruch nehmen, auch wenn Sie keine Beiträge in die Arbeitslosenversicherung eingezahlt haben. Die Voraussetzungen für die anderen Leistungen entnehmen Sie bitte dem vorhergehenden Kapitel.

Informationen und Beratung zur Arbeitslosenversicherung bekommen Sie beim örtlichen Arbeitsamt.

Die Krankenversicherung

Die Beiträge zur gesetzlichen Krankenversicherung werden zur Hälfte von Arbeitgeber und Arbeitnehmer bezahlt. Im Durchschnitt beträgt der Beitragssatz 13,5 Prozent der beitragspflichtigen Einnahmen des Versicherten (Stand 1995).

Beitragsbemessungsgrenze. Sobald Ihr Arbeitsverdienst eine bestimmte Grenze pro Jahr nicht übersteigt, werden Sie automatisch versichert. Diese Verdienstgrenze beträgt 75 Prozent der Beitragsbemessungsgrenze in der gesetzlichen Rentenversicherung (siehe unten): Für 1995 sind das 70 200 Mark – dies entspricht einem regelmäßigen Monatsverdienst von 5850 Mark. Dies gilt sowohl für den Westen wie auch für den Osten der Bundesrepublik.

Freiwillig versichert. Die Beitragsbemessungsgrenze ist bei der Krankenversicherung gleichzeitig eine Versicherungspflichtgrenze.

Sie können sich unter bestimmten Umständen freiwillig in der gesetzlichen Krankenkasse versichern, wenn Sie mehr als die oben angegebenen Summen verdienen – sogar dann, wenn Sie selbständig arbeiten. Informationen dazu erhalten Sie bei Ihrer Krankenkasse.

Gesetzlich krankenpflichtversichert sind übrigens auch
- Studenten der staatlichen und staatlich anerkannten Hochschulen,
- Praktikanten oder Auszubildende des zweiten Bildungswegs,
- Rentner, wenn sie der gesetzlichen Krankenkasse über längere Zeit als Pflichtmitglied angehört haben,
- Behinderte, die in einer anerkannten Werkstätte arbeiten oder an berufsfördernden Maßnahmen teilnehmen,
- Arbeitslose, wenn sie Arbeitslosengeld oder -hilfe erhalten,
- landwirtschaftliche Unternehmer und dessen hauptberuflich mitarbeitende Familienangehörige (wenn sie mindestens 15 Jahre alt oder Auszubildende im landwirtschaftlichen Betrieb sind).

Kassenwahl. Je nach Berufszugehörigkeit sind Sie über die Orts-, Betriebs- oder Innungskrankenkassen, die landwirtschaftlichen Krankenkassen oder die Ersatzkassen versichert. Ab dem 1. Januar 1996 können alle Mitglieder von Orts-, Betriebs- oder Innungskassen frei wählen, in welcher Krankenkasse sie versichert werden wollen. Bisher war dies nur Angestellten möglich.

Leistungen. Die Krankenversicherung sorgt dafür, daß Sie und auch Ihre Familie im Krankheitsfall
- die notwendige medizinische Hilfe erhalten;
- daß Sie Krankengeld bekommen, falls Ihr Lohn oder Ihr Gehalt für die Dauer Ihrer Erkrankung nicht vom Arbeitgeber weitergeführt wird. Sie haben Anspruch auf alle möglichen Leistungen z. B.
- ärztliche Behandlung, Gesundheitsvorsorge und Gesundheitsförderung;

- Untersuchungen zur Früherkennung von Krankheiten (insbesondere Herz-/Kreislauferkrankungen sowie Diabetes) ab dem 35. Lebensjahr;
- Untersuchungen zur Früherkennung bestimmter Krankheiten (Kinder ab sechs, Frauen ab 20 und Männer ab 45 Jahren);
- zahnärztliche Behandlung;
- kieferorthopädische Behandlungen bis zum 18. Lebensjahr;
- Arznei-, Verband-, Heilmittel sowie Brillen, Hörgeräte, orthopädische und andere Hilfsmittel;
- Zuschüsse zu den Kosten für medizinisch notwendigen Zahnersatz und Zahnkronen;
- Krankenhausbehandlung;
- Kostenübernahme oder Zuschüsse bei Kuren.

Sie wissen: Die Lohnfortzahlung ist bis zu sechs Wochen nach Eintritt der Erkrankung durch das Lohnfortzahlungsgesetz garantiert – ganz gleich, ob Sie Arbeiterin oder Angestellte sind. Danach übernimmt die Krankenkasse die Zahlungen – und mindestens 80 Prozent des entgangenen Lohns oder Gehalts bis maximal zur Höhe des Nettoentgelts. Krankengeld wird für maximal 78 Wochen innerhalb von drei Jahren bezahlt. Als Landwirt erhalten Sie statt des Krankengelds eine Betriebshilfe.

Auch für jedes erkrankte Kind bekommen Sie Krankengeld; und zwar bis zu zehn Tagen, wenn Ihr Kind unter zwölf Jahren alt ist und von Ihnen gepflegt werden muß. Sind Sie alleinerziehende Mutter, erhöht sich der Anspruch auf maximal 20 Tage im Jahr. Haben Sie mehrere Kinder, so dürfen Sie 25 Tage, als Alleinerziehende mit mehreren Kindern bis zu 50 Tagen, im Kalenderjahr beanspruchen.

Die gesetzliche Krankenkasse sorgt übrigens auch dafür, daß

- Sie eine Haushaltshilfe bekommen, wenn wegen eines Krankenhaus- oder Kuraufenthaltes Ihr Haushalt nicht weitergeführt werden kann;

- Sie häusliche Krankenpflege erhalten, wenn Sie dadurch einen Klinikaufenthalt vermeiden können,
- Sie im Falle einer Schwerpflegebedürftigkeit in Ihrer häuslichen Umgebung gepflegt werden können,
- Sie in der Schwangerschaft gut versorgt sind: Mutterschaftsgeld und Mutterschaftshilfe werden nämlich von der Krankenkasse bezahlt. Das Mutterschaftsgeld richtet sich nach Ihrem Durchschnittslohn oder -gehalt der letzten drei Monate bzw. 13 Wochen vor der Geburt bzw. der gesetzlichen Schutzfrist von sechs Wochen. Maximal bekommen Sie 25 Mark pro Kalendertag – Ihr Arbeitgeber bezahlt innerhalb der Schutzfrist den Betrag bis zu Ihrem Nettoeinkommen dazu;
- Ihre Angehörigen Sterbegeld als Zuschuß zu den Bestattungskosten erhalten (dies gilt nur dann, wenn Sie bereits vor dem 1. Januar 1989 gesetzlich krankenversichert waren).

(Quelle: BMfAuS)

Private Krankenversicherung. Wenn Sie über der Beitragsbemessungsgrenze (siehe oben) liegen, können Sie in eine private Krankenversicherung wechseln. Dies sollten Sie jedoch genau abwägen! Auf jeden Fall immer mehrere Angebote sorgfältigst miteinander vergleichen – nicht nur im Hinblick auf den sicher günstigeren Monatsbeitrag, sondern vor allem auch in Hinblick darauf, welche Leistungen angeboten werden und welche Steigerungsraten Sie mit zunehmendem Alter erwarten müssen. Lassen Sie sich nicht von derzeit niedrigen Beiträgen beeindrucken, und bedenken Sie außerdem, daß beim Abschluß einer privaten Krankenversicherung jedes Familienmitglied einzeln versichert werden muß. Da ist schnell ein Monatsbeitrag beisammen, der den in der gesetzlichen Kasse bei weitem übersteigt.

Die Pflegeversicherung

In der Bundesrepublik gibt es heute etwa 1,65 Millionen Pflegebedürftige; und viele Menschen über 60 werden in den nächsten Jahren dazukommen. Um sie, aber auch um die derzeit 63,4 Millionen Bundesbürger unter 60 Jahren geht es in der Pflegeversicherung. Es soll gewährleistet werden, daß für alle, die zu einem Pflegefall werden – ob durch Alter, Krankheit oder Unfall – der nötige Versicherungsschutz bei Pflegebedürftigkeit besteht.

Finanzielle Hilfe wird dabei für ambulante (ab 1. April 1995) oder stationäre (ab 1. Juli 1996) Pflege gewährt.

Beitragszahlung. Noch immer ist nicht endgültig geklärt, wie die Pflegeversicherung, die ab 1. Januar 1995 eine Pflichtversicherung wird, finanziert werden soll. Klar ist lediglich: Der Beitragssatz liegt ab 1. Januar 1995 bei einem Prozent, ab 1. Juli 1996 bei 1,7 Prozent; die Beitragsbemessungsgrenze liegt – wie bei der Krankenversicherung – bei einem Jahreseinkommen von 70 200 Mark (monatlich 5850 Mark). Soweit in einem Bundesland kein Feiertag abgeschafft wird, tragen Sie als Arbeitnehmerin Ihren Anteil an dieser Versicherung in voller Höhe allein. Es gibt keine Zuschüsse vom Arbeitgeber. Lediglich beim Bezug von Arbeitslosengeld oder -hilfe, von Eingliederungsgeld und -hilfe für Spätaussiedler, von Unterhaltsgeld und Altersübergangsgeld wird der Beitrag zur Pflegeversicherung von der Bundesanstalt für Arbeit übernommen. Wer am 1. Januar 1995 bereits stationär gepflegt wird, muß bis zur Einführung der stationären Pflege (1. Juli 1996) keinen Beitrag zahlen.

Welche Versicherung ist für Sie zuständig? Die Pflegeversicherung wird immer dort abgeschlossen, wo auch die Krankenversicherung besteht. Jeder, der in der gesetzlichen Krankenversicherung ist, wird ab 1. Januar 1995 dann automatisch Mitglied der Pflegeversicherung.

Wer eine private Krankenversicherung abgeschlossen hat, muß sich zu eben diesem Zeitpunkt privat pflegeversichern. Von der privaten Versicherungspflicht ausgeschlossen sind lediglich Personen, die sich auf nicht absehbare Zeit in stationärer Pflege befinden und die bereits Pflegeleistungen nach bestimmten Regelungen erhalten.

Leistungen. Als pflegebedürftig gilt, wer »wegen einer körperlichen, geistigen oder seelischen Krankheit oder Behinderung die gewöhnlichen und regelmäßigen Verrichtungen im Ablauf des täglichen Lebens auf Dauer« (voraussichtlich mindestens sechs Monate) nicht ausführen kann und demzufolge »in erheblichem oder höherem Maße der Hilfe« anderer Personen bedarf (Quelle: BMfAuS). Krankheiten oder Behinderungen sind z. B. Funktionsstörungen der inneren oder der Sinnesorgane, Störungen des Zentralnervensystems, Gedächtnis- oder Orientierungsstörungen.

- Für die **ambulante Pflege** gilt: Je nach Schweregrad (siehe unten) werden als Sachleistung Pflegeeinsätze durch ambulante Pflegedienste im Wert von 750 bis 2800 Mark erbracht, in besonderen Härtefällen bis zu 3750 Mark im Monat.
- Anstelle dieser Sachleistung kann ein Pflegegeld beansprucht werden. Dieses beträgt zwischen 400 und 1300 Mark monatlich und soll in solchen Fällen bezahlt werden, in denen z. B. die Familie des Pflegebedürftigen selbst für ihn (oder sie) sorgt.
- Wenn die Sachleistung nicht in voller Höhe beansprucht wird, kann man gleichzeitig ein entsprechend gemindertes Pflegegeld in Anspruch nehmen. Diese Wahlmöglichkeit soll dem Pflegebedürftigen genau die individuelle Hilfe gewähren, die er persönlich braucht.
- Pflegebedürftigkeit der Stufe I *(erheblich Pflegebedürftige)* betrifft Personen, die bei Körperpflege, Ernährung oder Mobilität einmal pro Tag sowie zusätzlich mehrmals pro Woche Hilfe bei der Haushaltsführung benötigen. Voraussetzung ist, daß für wenigstens zwei

Verrichtungen aus einem oder mehreren Bereichen Hilfe gebraucht wird.

- Pflegebedürftige der Stufe II *(Schwerpflegebedürftige)* brauchen mindestens dreimal täglich und zusätzlich mehrmals wöchentlich Hilfe.
- Pflegebedürftigkeit der Stufe III *(Schwerstpflegebedürftige)* ist dann gegeben, wenn rund um die Uhr Pflege und Aufsicht nötig sind, außerdem mehrfach wöchentlich auch Hilfe bei der hauswirtschaftlichen Versorgung.
- Bei Kindern ist als Maßstab für die Pflegebedürftigkeit ein gesundes gleichaltriges Kind zu nehmen.
- Auch Familienangehörige, die Schwerbehinderte pflegen, haben Anspruch auf Urlaub. Bis zu vier Wochen im Jahr wird ihnen dann eine Pflegevertretung von bis zu 2800 Mark zugestanden.
- Teilstationäre Pflege ist dann möglich, wenn die häusliche Pflege nicht mehr sichergestellt sein kann. Je nach Stufe der Pflegebedürftigkeit werden Aufwendungen von 750 bis 2100 Mark monatlich übernommen.
- Wenn häusliche und teilstationäre Pflege nicht möglich sind, können Pflegebedürftige auch in Kurzzeit-Pflegeeinrichtungen übernommen werden (längstens vier Wochen, Gesamtwert 2800 Mark jährlich).
- **Stationäre Leistungen** werden ab dem 1. Juli 1996 erbracht. Bis dahin zahlt noch die Krankenkasse.
- Die Pflegeversicherung übernimmt Aufwendungen bis zu 2800 Mark monatlich. Für Schwerstpflegebedürftige stehen in Ausnahmefällen bis zu 3300 Mark pro Monat zur Verfügung. Damit sollen Härtefälle vermieden werden. Kosten für Unterkunft und Verpflegung muß der Versicherte – wie bei der häuslichen Pflege – selbst tragen.
- Auch andere Hilfsmittel werden künftig von der Pflegeversicherung übernommen: z. B. Pflegebetten, Rollstühle, Gehwagen. Um-

baumaßnahmen in der Wohnung bezuschußt der Staat mit bis zu 5000 Mark.

- Auch die Rentner werden zur Kasse gebeten: Die Hälfte des Beitrags müssen sie selbst bezahlen, die andere Hälfte übernimmt der Rentenversicherungsträger. Die Feiertagsabschaffung spielt dann keine Rolle.

Weitere Informationen und Beratung bekommen Sie bei Ihrer Krankenkasse.

(Quelle: BMfAuS und BEK)

Daß diese Leistungen der Pflegeversicherung sehr umstritten sind, soll hier nicht extra betont und ausgeführt werden. Es ist nach Ansicht vieler Experten keineswegs gewährleistet, daß Sachleistungen und Pflegegeld tatsächlich ausreichen. Die einseitige Belastung der Arbeitnehmer mit den Kosten ist nicht unbedingt ausgeglichen zu nennen und ein grundsätzlicher Streitpunkt zwischen Regierungsparteien und Opposition. Außerdem ist klar, wer die Pflege zu Hause übernimmt: in den meisten Fällen werden Frauen damit befaßt sein. Sie werden damit in ihre traditionelle Rolle als Hausfrau und Mutter, als Pflegerin am Krankenbett zurückgeführt.

Die Rentenversicherung

Seit dem 1. Januar 1992 gilt in ganz Deutschland das gleiche Rentensystem. Es werden 18,6 Prozent (Stand 1995) des Nettoeinkommens in die Rentenversicherung eingezahlt. Auch hier tragen Arbeitgeber und Sie als Arbeitnehmerin jeweils die Hälfte des Beitrags.

Beitragsbemessungsgrenze. Die Grenze liegt derzeit (Stand 1995) bei monatlich 7800 Mark (jährlich 93 600 Mark). Nur für Ostberlin gilt für 1995 noch die Grenze von 76 800 Mark jährlich bzw.

6400 Mark monatlich. Auch wenn Sie mit Ihrem Lohn oder Gehalt über diesen Grenzen liegen, bleiben Sie pflichtversichert.

Pflichtversichert. In der Rentenversicherung sind Angestellte und Arbeiter pflichtversichert, außerdem Auszubildende, Behinderte in anerkannten Werkstätten, Wehr- und Zivildienstleistende.

- Als Selbständige sind Sie nur dann pflichtversichert, wenn Sie bestimmten Personenkreisen angehören, z. B. als selbständiger Handwerker. Sie können sich auch hier nach 18 Jahren von der Versicherungspflicht befreien lassen.
- Pflichtversichert ohne Beitragszahlungen sind Sie als Mutter: Bis zu drei Jahre werden Ihnen bei allen Kindern angerechnet, die nach dem 1. Januar 1992 geboren sind, bis zu einem Jahr bei früher geborenen Kindern.
- Pflegepersonen, die einen Schwerpflegebedürftigen »nicht erwerbsmäßig« zu Hause pflegen (mindestens 10 Stunden pro Woche) können beantragen, daß ihre freiwilligen Beiträge als Pflichtbeiträge gelten.
- Wenn Sie Lohnersatz beziehen – das sind Krankengeld, Verletzten- und Übergangsgeld, Arbeitslosengeld und Arbeitslosenhilfe, Unterhaltsgeld, Altersübergangsgeld, Vorruhestandsgeld – sind Sie ebenfalls gesetzlich rentenversichert. Und zwar immer, wenn Sie auch im letzten Jahr vor Beginn der Lohnersatzleistung versicherungspflichtig waren.

Versicherungsfrei. Als geringfügig Beschäftigte, die weniger als 15 Stunden pro Woche arbeitet und dabei monatlich weniger als 580 Mark (in den neuen Bundesländern 470 Mark – Stand 1995) verdient, sind Sie nicht in der Rentenversicherung pflichtversichert. Dies gilt auch, wenn Sie innerhalb eines Jahres vertraglich im voraus begrenzt nur zwei Monate bzw. 50 Arbeitstage beschäftigt sind (die Höhe Ihres Lohns ist dann davon unabhängig).

- Beamte, Richter (auch – was Sie als Frau aber weniger betrifft – Berufssoldaten und Soldaten auf Zeit) sowie vergleichbare Beschäftigte von Körperschaften, Anstalten oder Stiftungen des öffentlichen Rechts, deren Verbände sind versicherungsfrei.
- Als Studentin, die nebenher als Werkstudentin arbeitet, unterliegen Sie der Rentenversicherungspflicht ebenfalls nicht.
- Selbstverständlich sind Sie auch dann versicherungsfrei, wenn Sie bereits Bezieherin einer Vollrente wegen Alters oder aber Pensionärin sind.

Leistungen. Sie hängen natürlich davon ab, daß und wie viele Beiträge vorher in die Rentenversicherung einbezahlt wurden. Außerdem müssen bestimmte versicherungsrechtliche Voraussetzungen erfüllt sein:

- Altersrenten erhält man prinzipiell nur dann, wenn Sie ein bestimmtes Lebensalter erreicht und eine Mindestversicherungszeit erfüllt haben. Als Arbeitnehmerin gilt für Sie:
  - Altersrente erhalten Sie ab dem vollendeten 60. Lebensjahr. Die Wartezeit beträgt 15 Jahre, Pflichtbeiträge müssen Sie nach Vollendung des 40. Lebensjahrs mehr als zehn Jahre lang bezahlt haben.
  - Teilrenten: Als Versicherte können Sie selbst entscheiden, ob Sie Ihre Altersrente als Voll- oder Teilrente bekommen möchten. Sie können zwischen 1/3, 1/2 oder 2/3 der erreichten Vollrente wählen. Je geringer der Anteil ist, desto mehr können Sie hinzuverdienen.
- Renten wegen verminderter Erwerbsfähigkeit werden grundsätzlich nur bis zum 65. Lebensjahr bezahlt. Eine solche Rente erhalten Sie immer dann, wenn Ihre Erwerbsfähigkeit in bestimmtem Maße eingeschränkt oder ganz weggefallen ist. Die Voraussetzung ist, daß Sie in den fünf Jahren vor Eintritt der Berufs- oder Erwerbsunfähigkeit (dazu zählen nicht die Berücksichtigungszeiten für Kindererziehung und Pflege sowie Ersatz- und Anrechnungszeiten)

drei Jahre lang mit Pflichtbeiträgen belegt waren. Als Ausnahme gilt, wenn Ihre Berufs- oder Erwerbsunfähigkeit durch einen Umstand eingetreten ist, durch den die allgemeine Wartezeit als vorzeitig erfüllt gilt. Das ist z. B. bei einem Arbeitsunfall so.

- Berufsunfähigkeitsrente erhalten Sie, wenn Sie aufgrund einer gesundheitlich bedingten Minderung Ihrer Erwerbsfähigkeit in Ihrem (oder einem zumutbaren anderen) Beruf weniger als die Hälfte dessen verdienen würden, was Sie als gesunde Arbeitnehmerin bekämen. In diesem Fall gelten fünf Jahre Wartezeit sowie als Voraussetzung, daß Sie vor Eintritt der Berufsunfähigkeit versicherungspflichtig tätig waren. Die Berufsunfähigkeitsrente beträgt zwei Drittel der Altersrente oder der Rente wegen Erwerbsunfähigkeit.
- Erwerbsunfähigkeitsrente beziehen Sie, wenn Sie Ihre berufliche Tätigkeit wegen einer gesundheitlichen Minderung nicht mehr zur Gänze ausüben können oder als Teilzeitbeschäftigte dafür nur mehr geringfügige Einkünfte – z. B. 560 Mark monatlich – bekommen. Auch hier gelten fünf Jahre Wartezeit sowie als Voraussetzung das Ausüben einer versicherungspflichtigen Tätigkeit vor Eintreten der Erwerbsunfähigkeit. Die Erwerbsunfähigkeitsrente beträgt das Eineinhalbfache der Berufsunfähigkeitsrente.
- Zeitrenten werden bezahlt, wenn die »begründete Aussicht« besteht, daß die Minderung Ihrer Erwerbsfähigkeit in absehbarer Zeit behoben werden kann. Zeitrenten gibt es nur im Bereich der Berufs- und Erwerbsunfähigkeitsrenten.

● Renten wegen Todes sollen die Hinterbliebenen absichern.

- Witwen- und Witwerrente: Man unterscheidet die große und kleine Witwenrente. Ist der hinterbliebene Ehepartner mindestens 45 Jahre alt und erzieht ein Kind unter 18 Jahren (oder ein behindertes Kind), so erhalten Männer und Frauen nach dem Tode des Ehepartners eine Hinterbliebenenrente von 60 Prozent der Rente des verstorbenen Partners. In allen übrigen Fällen gibt es nur die »kleine« Witwen-/Witwerrente. Hat der überlebende Ehepartner ein eigenes Einkommen, das einen bestimmten Freibetrag übersteigt, so wird der übersteigende Betrag zu 40 Prozent auf die Witwen- und Witwerrente angerechnet. Der Freibetrag liegt bei 1174 Mark in den alten und 880 Mark in den neuen Bundesländern. Eine Übergangsregelung für die alten Bundesländer sieht vor, bei Todesfällen bis zum 31. Dezember 1995 die Einkommensanrechnung stufenweise zu berücksichtigen. Nähere Informationen bekommen Sie von den entsprechenden Rentenstellen.

- Waisenrente: Sie beträgt bei Halbwaisen ein Zehntel, bei Vollwaisen ein Fünftel der Versichertenrente. Die Altershöchstgrenze ist hier bei 27 Jahren festgelegt. Waisenrenten, die für eine(n) über 18jährige(n) bezahlt werden, müssen auf eigenes Erwerbseinkommen zu 40 Prozent angerechnet werden, wenn bestimmte Freibeträge überschritten sind.
- Erziehungsrente: Anspruch auf diese Rente haben Sie als Versicherte, wenn Ihre Ehe nach dem 30. Juni 1977 geschieden wurde und Ihr geschiedener Ehepartner verstorben ist. Die Erziehungsrente wird auch dann bezahlt, wenn Sie ein eigenes Kind oder ein Kind Ihres geschiedenen Ehepartners erziehen, wenn Sie nicht wieder geheiratet haben und wenn bis zum Tode des geschiedenen Ehepartners die allgemeine Wartezeit von fünf Jahren erfüllt wurde. Die Erziehungsrente wird in der Höhe der Erwerbsunfähigkeitsrente fällig. Bei Überschreitung bestimmter Freibeträge wird Ihr eigenes Einkommen zu 40 Prozent angerechnet.

Zu allen Fragen, die Ihre Rentenversicherung betreffen, bekommen Sie bei den Stadt-, Kreis- und Gemeindeverwaltungen genaue Auskünfte. Auch die einzelnen Rentenversicherungsträger (LVA, BfA) geben Ihnen Auskunft und Informationen.

(Quelle: BMfAuS)

Die Unfallversicherung

Sie ist eine der ältesten Sozialversicherungen: Seit 1885 sind Arbeitnehmer und ihre Familien durch die gesetzliche Unfallversicherung automatisch vor den Folgen von Arbeitsunfällen und Berufskrankheiten abgesichert.

Ganz gleich, ob Sie Arbeitnehmerin, Auszubildende oder auch Heimarbeiterin sind: Die Höhe Ihres Einkommens spielt keine Rolle – und Sie zahlen auch keine Beiträge. Die Träger der gesetzlichen Unfallversicherung sind nämlich die Berufsgenossenschaften. Und diese wiederum werden aus den Beiträgen der Unternehmer finanziert. Die Höhe der Beiträge richten sich nach den jährlichen Lohn- bzw. Gehaltszahlungen, die Ihr Arbeitgeber in seinem Betrieb bezahlt, und danach, welche Unfallgefahren an Ihrem Arbeitsplatz drohen.

Grundsätzlich sind Sie übrigens auch auf der Fahrt zu und von der Arbeit versichert – selbst dann, wenn Sie mit einer Fahrgemeinschaft zur Arbeitsstelle fahren und wenn Sie dadurch einen Umweg machen müssen. Doch Vorsicht: Sie müssen sowohl Ihre Arbeitsstelle wie auch Ihre Wohnung »in angemessener Zeit« erreichen. Selbst ein kurzer Abstecher zum Einkauf in den Supermarkt liegt nicht mehr unbedingt in diesem Rahmen.

Versichert sind in der gesetzlichen Unfallversicherung auch

- Landwirte,
- Kinder, die noch zum Kindergarten gehen,
- Schüler,
- Studenten,
- Helfer bei Unglücksfällen,
- Zivilschutz- und Katastrophenhelfer sowie
- Blutspender.

Auch als Selbständige können Sie sich und Ihre freiwillig mitarbeitenden Familienmitglieder freiwillig versichern. Für Beamte gibt es besondere Unfallfürsorgevorschriften.

Wichtig für Sie als Arbeitnehmerin ist, daß Sie selbst dann Versicherungsschutz haben, wenn Sie einen Unfall selbst verschulden. Ihre einzige Pflicht ist, jeden Arbeits- oder Wegeunfall sofort Ihrem Arbeitgeber zu melden. Unfälle von Kindern, Schülern und Studenten müssen Sie an der entsprechenden Stelle zur Kenntnis bringen.

Leistungen. Der Schutz der gesetzlichen Unfallversicherung umfaßt

- die finanzielle Hilfe bei Arbeitsunfällen und Berufskrankheiten für Sie und Ihre Familie;
- die Bezahlung der entsprechend nötigen Heilbehandlung;
- finanzielle Berufshilfe (dazu rechnet man z. B. auch eine Umschulung, falls dies durch Ihren Unfall nötig werden sollte).

Als Versicherter haben Sie und auch Ihre Familie Anspruch auf

- Heilbehandlung. Die Unfallversicherung übernimmt alle Kosten für die ärztliche Betreuung und die erforderlichen Arznei-, Verband- und Pflegemittel auf unbegrenzte Zeit. Dazu zählt auch ein Klinikaufenthalt. Die Versicherung kann sich nicht weigern, wegen besonders langer Krankheitsdauer die Leistungen zu verweigern.
- Verletztengeld. Es entspricht ungefähr dem Krankengeld und wird auch so berechnet: mindestens 80 Prozent des entgangenen Nettolohns oder -gehalts bis höchstens zur Höhe des Nettolohns oder -gehalts. Die Zahlung beginnt dann, wenn der Anspruch auf Lohnfortzahlung (also meist nach sechs Wochen) erloschen ist. Sie können unter bestimmten Voraussetzungen auch neben dem Verletztengeld weitere Unterstützung erhalten – allerdings nur für die Dauer Ihrer Heilbehandlung.
- Berufshilfe. Sie sorgt dafür, daß Sie umgeschult werden oder einen anderen Beruf erlernen können, wenn Sie wegen Ihres Arbeitsunfalls nicht mehr im bisherigen Beruf arbeiten können. In der

Ausbildungszeit für den neuen Beruf bekommen Sie aus der Unfallversicherung außerdem Übergangsgeld als finanziellen Zuschuß.

- Verletztenrente. Sie wird bezahlt, wenn Sie nach dem Unfall eine um mindestens 20 Prozent geminderte Erwerbsfähigkeit haben. Die Höhe dieser Rente richtet sich nach dem Grad der Minderung und nach dem Verdienst, das Sie im Jahr vor dem Unfall bekommen haben.
- Pflegegeld. Werden Sie durch den Arbeitsunfall oder eine Berufskrankheit pflegebedürftig, bekommen Sie neben der Unfallrente auch Pflegeleistungen oder finanzielle Hilfe.
- Sterbegeld. Bei Tod durch Arbeitsunfall oder Berufskrankheit beträgt das Sterbegeld für die Hinterbliebenen ein Zwölftel des Bruttojahresverdienstes. Auch eventuell anfallende Überführungskosten zum Bestattungsort werden bezahlt.
- Witwen-/Witwerrente. Die Höhe der Rente für den hinterbliebenen Ehepartner richtet sich nach Ihrem Alter, nach Ihrer Erwerbs- bzw. Berufsunfähigkeit und der Zahl der Kinder. 40 Prozent des letzten Bruttoeinkommens stehen dem Hinterbliebenen zu, wenn Sie 45 Jahre oder älter sind; wenn Sie selbst erwerbs- oder berufsunfähig sind; wenn Sie mindestens ein Kind erziehen. Treffen diese Punkte nicht zu, bekommen Sie wenigstens 30 Prozent. Eigenes Einkommen (auch andere Renten) werden nach Abzug eines Freibetrags auf die Hinterbliebenenrente angerechnet.
- Waisenrente. Für Kinder unter 18 Jahren beträgt die Rente bei Halbwaisen 20 Prozent, bei Vollwaisen 30 Prozent des vorherigen Verdienstes des Verstorbenen. Befindet sich das Kind noch in der Ausbildung, so wird die Waisenrente bis zum 27. Lebensjahr bezahlt. Eigenes Einkommen wird mit 40 Prozent auf die Waisenrente angerechnet.

Achtung: Witwen- und Waisenrente zusammengerechnet dürfen nicht mehr als 80 Prozent des früheren Arbeitsverdienstes des Verstorbenen betragen.

Information und Beratung erhalten Sie bei den Berufsgenossenschaften und den Unfallversicherungsträgern der öffentlichen Hand.

(Quelle: BMfAuS)

Vermögensbildung

Nicht nur durch die Sozialversicherung können Arbeitnehmer Vorsorge für Krankheit und Alter treffen. Auch vermögensbildende Maßnahmen werden vom Staat unterstützt – z. B. durch Arbeitnehmer-Sparzulagen für vermögenswirksame Leistungen. Wenn Ihr Arbeitgeber in einer der staatlich anerkannten Anlageformen für Sie vermögenswirksame Leistungen anlegt und Sie die gesetzlichen Einkommensgrenzen nicht überschreiten, werden Sie gefördert.

Diese Einkommensgrenzen liegen bei einem zu versteuernden Einkommen von 27 000 Mark jährlich (das sind brutto etwa 2600 Mark monatlich) für Alleinstehende und bei 54 000 Mark für Verheiratete (als verheiratete Alleinverdienerin mit zwei Kindern macht das einen Monatsverdienst von etwa 5600 Mark brutto aus). Um die Sparzulage zu erhalten, müssen Sie bei Ihrem Arbeitgeber vermögenswirksame Leistungen beantragen. Der Unternehmer muß Ihnen diese Sparzulage bezahlen, selbst wenn Sie über der förderungsberechtigten Einkommensgrenze liegen. Sie erhalten diese Sparzulage nicht direkt ausbezahlt, obwohl sie fester Bestandteil Ihres Lohns oder Gehalts ist. Die Zulage wird aber sofort fest angelegt. Meist geschieht das in Form eines Bausparvertrags oder eines Sparvertrags. Alle diese Anlagen, die vom Staat gefördert werden, sind mit einer Sperrfrist versehen: Bausparverträge müssen eine Laufzeit von mindestens sieben Jahren haben, Sparverträge sechs oder sieben Jahre. Erst danach können Sie über das gesparte Geld frei verfügen.

Vermögensbildende Maßnahme kann auch eine Steuerbegünstigung sein, die Ihnen Ihr Arbeitgeber kostenfrei und verbilligt über eine Vermögensbeteiligung anbietet. Kein Unternehmer ist allerdings zu einem solchen Angebot verpflichtet.

Zwar zählt der »geldwerte Vorteil«, den Sie durch die verbilligte oder unentgeltliche Beteiligung erhalten, als Arbeitslohn. Sie müssen aber für diesen Vorteil in bestimmten Grenzen keine Steuern zahlen. Vermögensbeteiligungen können z. B. Aktien des Unternehmens sein, bei dem Sie angestellt sind. Auch Vermögensbeteiligungen unterliegen bestimmten Sperrfristen: in der Regel sechs oder sieben Jahre.

Beim Angebot einer Vermögensbeteiligung sollten Sie sich vorher genauestens informieren. Staatliche Förderung heißt nämlich nicht unbedingt, daß Ihre vermögenswirksamen Leistungen auch günstig angelegt sind. Lassen Sie sich an mehreren Stellen beraten, bevor Sie einen Vertrag abschließen. Und achten Sie auch dann aufs Kleingedruckte.

Kapitel 8: Zwei heikle Themen: Sexuelle Belästigung am Arbeitsplatz und Mobbing

Es gibt leider noch keine bundeseinheitliche Untersuchung zu diesem Problem. Aber auch schon die Studien in einzelnen Bundesländern, bei den Gewerkschaften, in Gemeinden, ja sogar in einzelnen Betrieben zeigen Erschreckendes: Fast jede berufstätige Frau hat sexuelle Belästigung am Arbeitsplatz schon selbst erlebt – entweder als direkt Betroffene oder als beobachtende Kollegin.

Neu ist dieses Problem wahrlich nicht, selbst wenn es erst in den letzten paar Jahren mehr und mehr im Bewußtsein der Bevölkerung eine Rolle zu spielen scheint. Die Weltfrauenkonferenz befaßte sich 1985 mit diesem Thema, ein Jahr später hat sich das Europäische Parlament in Straßburg damit beschäftigt.

Was ist sexuelle Belästigung?

Im Jahre 1980 hat die Equal Employment Opportunity Commission (EEOC) im Zuge gleicher Beschäftigungschancen für Frauen und Männer in den USA eine gesetzliche Vorschrift verabschiedet. Diese definiert relativ umfassend den Tatbestand der sexuellen Belästigung. Studien und Umfragen, auch Gesetzesvorlagen in der Bundesrepublik haben die dort enthaltenen Definitionen zum Teil übernommen. Geschlechtsneutral (allerdings ist die Zahl sexuell belästigter Männer bei uns sehr gering) spricht man dann von sexueller Belästigung, wenn

- unwillkommene sexuelle Annäherungen,
- Aufforderungen zu sexuellen Begünstigungen und
- anderes verbales oder physisches Verhalten sexueller Art vorliegen.

In den Vorschriften der EEOC wird zwischen zwei Formen von sexueller Belästigung unterschieden:

1. Erpressung; das heißt, das Akzeptieren einer sexuellen Annäherung ist konkret mit der Beschäftigung oder Weiterbeschäftigung im Betrieb verbunden.

2. negative Beeinträchtigung der Arbeitsumgebung; das bedeutet, ein Verhalten hat das Ziel oder die Folge, das Arbeitsverhalten einer anderen Person zu stören oder es wird dadurch ein einschüchterndes, feindseliges oder beleidigendes Arbeitsklima geschaffen.

Der zweite Punkt ist äußerst schwierig einzugrenzen. Denn er betrifft die subjektivste, aber leider auch am häufigsten vorkommende Art von sexueller Belästigung. Weitergehende Definitionen machen deutlich, daß es in der weitaus größten Anzahl der bekannten Fälle um die Belästigung von Frauen geht. Danach

- ist belästigendes Verhalten immer ein unerwünschtes, einseitig männliches Verhalten, das dazu dient, Frauen am Arbeitsplatz zum Objekt zu degradieren und nicht als gleichberechtigte Kollegin zu betrachten;
- geht belästigendes Verhalten sowohl von Vorgesetzten als auch gleichgestellten sowie unterstellten Kollegen aus.

(Quelle: »Sexuelle Belästigung von Frauen am Arbeitsplatz«, Eine Bestandsaufnahme der Problematik im Auftrag der Leitstelle Gleichstellung der Frau, Freie und Hansestadt Hamburg)

Frauen sind – wie wir in den vorhergehenden Kapiteln gesehen haben – insgesamt im Berufsleben benachteiligt. In den meisten Fällen haben sie Arbeitsplätze auf den unteren Stufen der betrieblichen Hierarchie, befinden sich also in der Rolle der Untergebenen, der Anweisungsempfängerin, der Auszubildenden – schlicht: in abhängiger Stellung. Untersuchungen auch der Gewerkschaften zeigen, daß dies genau der Punkt ist, an dem sexuelle Belästigung einhakt: In den wenigsten Fällen spielt dabei nämlich echtes sexuelles Interesse eine Rolle, sondern vielmehr die Ausübung von (männlicher) Macht.

(Quelle: Schriftenreihe der DAG)

Haben Sie das auch schon erlebt? Erschreckendes brachte schon 1989 eine »Bestandsaufnahme« im Hamburger öffentlichen Dienst zutage. Die Leitstelle Gleichstellung der Frau veröffentlichte eine repräsentative Studie zum Thema.

1698 Frauen wurden schriftlich befragt, desgleichen 463 männliche Mitarbeiter der Hansestadt. Man unterschied zwischen mehreren Kriterien:

Sehr häufige belästigende Vorkommnisse, die sowohl erlebt wie auch beobachtet wurden:

Art der Belästigung	% der Frauen haben dies erlebt	belästigend ja/nein
• Anstarren, taxierende Blicke, Hinterherpfeifen	60 %	50 % ja
• Witze, Neckereien über Frauen allgemein	60 %	50 % ja
• Witze, Neckereien mit sexuellen Anspielungen	56 %	60 % ja
• anscheinend zufällige Körperberührungen	54 %	75 % ja
• verniedlichender, entmündigender Umgang (z. B. »Na, mein Mädel«)	53 %	65 % ja
• anzügliche Bemerkungen über Figur oder sexuelles Verhalten	48 %	85 % ja
• bewußt kumpelhaftes oder väterliches Verhalten (z. B. Anrede mit Vornamen)	47 %	60 % ja
• Versuche zu flirten, wenn Sachlichkeit angebracht wäre	46 %	80 % ja
• Sprüche, Comics, Poster oder Kalender mit sexuellem Bezug am Arbeitsplatz	39 %	60 % ja

Häufige Vorkommnisse:

Art der Belästigung	% der Frauen haben dies erlebt	belästigend ja/nein
• körperliche Annäherungsversuche (z. B. Küssen, Umarmen)	36 %	90 % ja
• Bemerkungen über Aussehen und Kleidung	33 %	75 % ja
• Annäherungsversuche mit erkennbarem Wunsch nach sexueller Annäherung	33 %	90 % ja
• Einladungen zum Essen mit unklarer Absicht	23 %	60 % ja
• beharrliche Annäherungsversuche, obwohl deutlich signalisiert wurde, daß kein Interesse an näherem Kontakt besteht	25 %	100 % ja
• Telefongespräche und Briefe mit sexuellen Anspielungen	19 %	90 % ja
• private Einladungen mit sexuellem Charakter	19 %	90 % ja

Weniger häufige belästigende Vorkommnisse:

Art der Belästigung	% der Frauen haben dies erlebt	belästigend ja/nein
• Ansetzen von Arbeitsbesprechungen, die mehr dem persönlichen Anbändeln als der Arbeit dienen	13 %	80 % ja

• Andeutungen, daß sexuelles Entgegenkommen die Arbeitssituation günstig beeinflussen könnte	8 %	100 % ja
• Bitten um private Verabredung mit dem versteckten Hinweis, daß eine Weigerung berufliche Nachteile hätte	4 %	100 % ja
• Erzwingen von sexuellen Handlungen und tätliche Bedrohung	2,6 %	100 % ja

Bei der Hamburger Studie wurde, wie bei solchen Untersuchungen üblich – und dies ist das eigentlich Erschreckende daran – lediglich eine Zufallsauswahl von Arbeitnehmerinnen befragt. Zu all den oben genannten Belästigungen und tatsächlich betroffenen Frauen kommt noch ein erklecklicher Prozentsatz an Arbeitnehmerinnen, die solche Belästigungen zwar nicht selbst erlebt, dafür aber in ihrer unmittelbaren Arbeitsumgebung gesehen haben. Auch diese Zahlen kann man in der Studie nachlesen.

Die männlichen Befragten sollten vor allem darüber Auskunft geben, ob sie ebenfalls sexuelle Belästigungen beobachtet hätten und wie eindeutig und stark sie diese empfanden. Es zeigte sich: Die Männer beobachteten in ähnlich großer Anzahl wie Frauen die oben genannten Vorkommnisse. Dabei ist es ihnen durchaus bewußt, daß solches Verhalten belästigend sein kann. Unterschiede bestanden in manchen Fällen lediglich in der Intensität. Während Frauen z. B. zufällige Körperberührungen zu 75 Prozent als Belästigung empfanden, war dies nur bei zwei Dritteln der Männer der Fall.

(Quelle: »Sexuelle Belästigung von Frauen am Arbeitsplatz«, Eine Bestandsaufnahme der Problematik im Auftrag der Leitstelle Gleichstellung der Frau, Freie und Hansestadt Hamburg)

Doch genug von Zahlenspielen: Wenn Sie als Frau berufstätig sind, wird Ihnen sexuelle »Anmache« von Kollegen oder Vorgesetzten vielleicht auch schon passiert sein. Oder Sie haben zumindest miterlebt, daß es einer Kollegin zugemutet wurde, sexuelle Anspielungen zu tolerieren. Einfach zu handhaben ist dieses Problem sicher nicht – vor allem, weil durch die abhängige Beschäftigung von Frauen immer auch die Angst um den Arbeitsplatz mitspielt, wenn sie sich wehren wollen.

Wer hilft, wenn man belästigt wird?

Fast in jedem Betrieb, in jeder Dienststelle gibt es Gerüchte. Und die besagen, daß diese oder jene Kollegin gehen mußte oder freiwillig ging, weil sie sich wehrte. Das schreckt viele Frauen ab, die Anmache eines Kollegen oder Vorgesetzten zu melden. Dabei ist Öffentlichkeit das einzige Mittel, sich gegen sexuelle Belästigung zur Wehr zu setzen. Doch dahin ist's oft ein langer Weg. Ein Weg, auf dem es nötig ist, sich gegen viele Vorurteile durchzusetzen.

Ist zum erstenmal im Betrieb oder in einer Abteilung die Rede davon, daß eine Kollegin sexuell belästigt wurde, so hört man oft – leider auch von Frauen – das Argument: »Die ist doch selber schuld!« Selber schuld? Weil Sie flott gekleidet sind. Weil Sie selbstsicher auftreten – und das oft als Provokation empfunden wird. Weil Sie einen lockeren Umgangston pflegen, der anscheinend bei männlichen Kollegen als besonders »ansprechbar« gilt. Weil Sie einen großen Freundes- und Bekanntenkreis haben, was manch einer gleichsetzt mit lockerem Lebenswandel. Weil Sie alleinstehend sind, vielleicht Kinder haben – und das läßt den Gedanken hochkommen: »Die ist ja wohl nicht abgeneigt … «

Um solche Vorurteile abzubauen, muß man über sexuelle Belästigung ganz offen sprechen. Nur dann besteht die Chance, dem Übeltäter das Handwerk zu legen. Nur dann wird das Opfer nicht zum Täter.

Werden die oben aufgeführten Vorurteile nicht ausgeräumt, wird der Täter sogar zum Opfer (»er kann ja nicht dafür… .«) – und kommt ungeschoren davon, erntet vielleicht noch Anerkennung wegen seines »Kavaliersdelikts«.

Anhand der oben stehenden Tabellen aus der Hamburger Studie können Sie sehen, daß sexuelle Belästigung ein sehr vielschichtiges Problem ist. Es wird wohl immer auch auf den subjektiven Eindruck ankommen, was Sie persönlich etwa als nette Flachserei unter Kollegen, was als leicht abzuwehrende Anzüglichkeit, was als sexuelle Belästigung empfinden.

Aber Sie sollten hellhöriger werden. Und vor allem zur Tat schreiten, wenn Sie merken, daß Sie selbst vieles als harmlosen Scherz auffassen, was in Wirklichkeit schon Anmache ist. Selbst wenn Sie sich dessen dann erwehren können – Ihre Kollegin steht dem Belästiger vielleicht hilflos gegenüber. Sie sollten wissen:

- Jede sexuelle Belästigung kann als Straftat angesehen und verfolgt werden. Übrigens hat der Arbeitgeber Ihnen gegenüber Schutzpflichten. Doch was tun, wenn Ihr Vorgesetzter selbst Sie sexuell belästigt?
- Sie müssen damit rechnen, daß Sie als Lügnerin hingestellt werden, die einen »harmlosen Kollegen« an den Pranger stellt.
- Lassen Sie sich nicht einschüchtern. Sie sind eine berufstätige Frau, die sich ihren Lebensunterhalt hart verdienen muß. Dies müssen Sie ganz gewiß nicht in einer Atmosphäre tun, die Sie ständig sexuell diskriminiert und bei der Sie den Übergriffen von männlichen Kollegen oder Vorgesetzten ausgesetzt sind.
- Suchen Sie Hilfe. Glauben Sie nicht, daß sexuelle Belästigung nur Ihr ureigenes Problem ist, das andere nicht nachvollziehen können.
- Setzen Sie sich zunächst einmal mit Kolleginnen zusammen, von denen Sie glauben, daß sie ebenfalls betroffen sind. Oft stellt sich heraus, daß derselbe Kollege oder Chef auch schon andere Frauen angemacht hat.

- Machen Sie dem Belästiger ganz klar, daß Sie seine Anmache nicht wollen. Fordern Sie ihn öffentlich (z. B. im Büro vor Kollegen) auf, Anspielungen, Witze, Gesten und natürlich auch Handgreiflichkeiten zu unterlassen. Oft nützt dies schon, jemanden in seine Schranken zu weisen.
- Schaffen Sie das nicht alleine im persönlichen Gespräch, so schreiben Sie ihm einen Brief. Weisen Sie klar und deutlich darauf hin, daß Sie sich seine Anmache verbitten. Machen Sie sich eine Kopie Ihres Schreibens. Eine Kopie sollte auch der Betriebsrat bekommen.
- Wenn Sie telefonisch belästigt werden, bitten Sie eine Kollegin mitzuhören. So haben Sie Zeugen – auch wenn es etwa darum geht, eine Stimme zu erkennen.
- Nützt dies alles nichts – etwa, weil er alles als »Hirngespinste« Ihrerseits abtut –, so führen Sie Buch. Schreiben Sie genau auf, was er wann, wo und wie zu Ihnen gesagt oder mit Ihnen getan hat.
- Mit diesem Protokoll gehen Sie möglichst sofort zu einer Person Ihres Vertrauens: zu einer Kollegin, zum Betriebs- oder Personalrat, zu Ihrem Vorgesetzten (natürlich nur dann, wenn er nicht der Belästiger ist. Ist dies der Fall, gehen Sie in der Hierarchie eine Stufe höher).
- Falls möglich, sichern Sie Beweise: Sind Sie verletzt worden, gehen Sie zum Arzt. Dies muß beileibe nicht der Betriebsarzt sein, sondern selbstverständlich der Arzt Ihres Vertrauens. In einem Attest sollte er Ihre Verletzungen bestätigen.
- Der Betriebs- oder Personalrat *muß* Ihnen helfen. Im Regelfall wird er dies auch tun. Berufliche Nachteile dürfen Ihnen dadurch nicht entstehen.
- In manchen, vor allem größeren Betrieben, gibt es eine Frauenbeauftragte. Auch Betriebsvereinbarungen, die sich speziell mit dem Thema befassen, können hilfreich sein. Vielleicht helfen Sie dem Betriebsrat in Ihrer Firma mit Ihrer Anregung dazu auf die Sprünge.

- Ist der Arbeitgeber selbst derjenige, der Sie sexuell belästigt, können Sie Ihre Arbeitsleistung verweigern und den Betrieb nicht mehr betreten. Lohn bzw. Gehalt müssen Ihnen weiterbezahlt werden. Sie sollten sich vorher aber auf jeden Fall anwaltlich oder von Ihrer Gewerkschaft beraten lassen.
- Sexuelle Belästigung ist unter bestimmten Umständen ein Grund für die fristlose Kündigung Ihrerseits. Ihr Arbeitgeber muß Ihnen den entstandenen Schaden (zuzüglich sogar unter Umständen Schmerzensgeld) ersetzen. Diesen Schritt sollten Sie ebenfalls nicht ohne Beratung durch Betriebsrat, Gewerkschaft und Anwalt unternehmen.
- Haben Sie keine Scheu, sich zu wehren. Immer öfter zeigen Frauen Belästiger an – und haben damit Erfolg! Das Beschäftigtenschutzgesetz, das seit dem Sommer 1994 gilt, macht eine Anzeige etwas einfacher. Darin steht ganz klar, daß vor sexueller Belästigung am Arbeitsplatz geschützt werden muß. Und daß Ihnen als Arbeitnehmerin, die sich über eine solche Belästigung beschwert, keinerlei Benachteiligungen entstehen darf.

Vom Umgang mit Kollegen und Kolleginnen: Mobbing

Sicher hat es schon immer – seit es Vorgesetzte und Untergebene, seit es Kollegen in Betrieben gibt – auch zwischenmenschliche Schwierigkeiten gegeben. In den letzten Jahren jedoch kommt ein Thema immer wieder hoch: Von Krieg am Arbeitsplatz wird gesprochen, von Psychoterror im Betrieb. Der neudeutsche Fachausdruck dafür lautet Mobbing.

Wörtlich aus dem Englischen übersetzt heißt »to mob« jemanden anpöbeln. Unter Mobbing versteht man das gezielte Hinausekeln eines Kollegen oder einer Kollegin. Nicht unbedingt »von oben«, also von seiten des Chefs, sondern aus dem eigenen Kollegenkreis. Mittlerweile haben sich auch Arbeitsmediziner mit diesem Problem befaßt. Es gibt sogar ein Institut, das sich ausschließlich mit dem Thema Mobbing befaßt: das Institut für Arbeitspsychologie und Arbeitspädagogik (IAP). Denn es gibt gravierende psychische und psychosomatische Folgen des Mobbings: Herz- und Kreislaufbeschwerden, Atembeklemmungen, Kopfschmerzen, Schlafstörungen, Magengeschwüre, schwere Angstzustände und Depressionen, ja sogar Selbstmord können die Folge sein. Sich selbst dagegen zu wehren ist kaum möglich. Denn oftmals erkennt man als Betroffene zu spät, daß es sich nicht um vorübergehende Mißstimmungen im Betrieb oder in der Abteilung handelt, sondern um gezieltes Mobbing.

Durch die Untersuchungen im IAP (Adresse siehe in Kapitel 10) wurde klar: Es kommt weniger vor, daß jemand von seinen Vorgesetzten gemobbt wird – obwohl auch dies passiert. Ist es doch einfacher, jemanden durch psychischen Streß zur Kündigung zu treiben, als ihm bzw. ihr selbst zu kündigen (unter Umständen spart man damit nämlich eine Menge Geld – eine Abfindung). Viele Chefs jedoch lassen lieber die Kollegen erledigen, was sie selbst ungern tun. Leider klappt das nur allzu oft: Gerade unter gleichgestellten Kollegen tritt Mobbing auf.

Die Gründe für Mobbing liegen nicht offen zutage. Die Psychologen Hesse und Schrader aus Berlin meinen, einen Grund in der derzeitig so beliebten »Ellenbogengesellschaft« zu finden. Steigende Arbeitslosenzahlen, die Angst um den Arbeitsplatz, eine schlechtere Lebenssituation – all dies mag dazu führen, daß man auch unter Kollegen kaum mehr Solidarität kennt, sondern – sozusagen aus dem Trieb nach Selbsterhaltung heraus – schwächere Kollegen schikaniert und piesackt. Und die Schwächeren sind – wie so oft – die Frauen.

Experten sind der Ansicht, es gebe mehr Frauen als Männer unter den mittlerweile auf weit über eine Million geschätzten Mobbingopfern. Man schätzt auch, daß etwa 44 Prozent der gemobbten Frauen nicht etwa von Männern schikaniert wurden, sondern daß Kolleginnen die »Mobber« sind.

Es fängt oft ganz harmlos an: Da macht man sich über jemanden lustig. Erzählt mit ein bißchen Häme und boshaftem Humor einen Fehler weiter. Kann dann gar nicht verstehen, daß die entsprechende Kollegin dies gar nicht so lustig findet. Spricht ihr deshalb jeglichen Humor ab. Andere stimmen zu. Bei nächster Gelegenheit zieht ein anderer vom Leder. Die Betroffene wird plötzlich nicht mehr zum Essen in die Kantine mitgenommen; sie bekommt keinen Kaffee angeboten; wenn sie ins Zimmer tritt, verstummen alle Gespräche. Ausgrenzung und Isolation sind die Folgen. Das Mobbingopfer ist dagegen völlig hilflos. Es kann auch nicht nachvollziehen, aus welchen Gründen es plötzlich gemobbt wird. Die Täter können dies übrigens ebenfalls nicht – auch das zeigen Untersuchungen. Denn Mobbing kann jeden treffen – auch Sie. Selbst wenn Sie sich für ganz bestimmt nicht angreifbar, ganz bestimmt nicht für schwach oder gar labil halten.

Eine Faustregel zeigt, wann jemand »gemobbt« wird: Wenn

- Sie mindestens einmal pro Woche,
- über einen längeren Zeitraum von mehreren Monaten,
- von einem oder mehreren Ihrer Kollegen,
- an Ihrem Arbeitsplatz,
- durch bestimmte Verhaltensweisen,
- angegriffen und schikaniert werden, sind Sie ein Mobbing-Opfer.

Sie erleben dann, daß Sie grundlos lächerlich gemacht werden. Nicht nur Ihr Chef, auch Kolleginnen und Kollegen kritisieren Sie, schneiden Sie, demütigen Sie durch Aufgaben, die weit unter Ihrer Qualifikation liegen: Da gibt es Außenhandelsexpertinnen, die plötzlich nur noch die Briefablage erledigen dürfen; da hat man Fachredakteure, die von heute auf morgen zum stupiden Abtippen von Texten herangezogen werden.

Es muß für Mobbing keinen Grund geben: Vielleicht gönnt man Ihnen lediglich nicht, daß Sie beim Chef und bei den Kollegen beliebt sind, daß Sie freundlich und guter Dinge Ihre Arbeit verrichten, während andere tagtäglich mit schlechter Laune in den Betrieb kommen.

Was hilft bei Mobbing?

Nicht, daß Sie künftig bei jedem Scherz auf Ihre Kosten sofort ausflippen müssen. Aber Sie sollten darauf achten, ob Sie auffällig oft das »Opfer« bei Späßen und Streichen im Betrieb sind. Die ersten Anzeichen werden oft übersehen.

- Fragen Sie sich – falls Sie das Gefühl haben, eine Kollegin, ein Kollege hätte etwas gegen Sie –, aus welchem Grund dies so sein könnte. Deshalb müssen Sie nun keine strenge Gewissenserforschung betreiben. Aber vielleicht gab es in der Vergangenheit einen Konflikt, der nicht ausgetragen wurde, vielleicht kam es zu Situationen, bei denen Sie überreagiert haben. Und man will sich jetzt an Ihnen »rächen«.
- Möglichst früh sollten Sie das Gespräch suchen: mit der oder den Personen, die Sie immer wieder angreifen, lächerlich machen, verspotten. Im Frühstadium kann man durch ein klärendes Gespräch noch eine ganze Menge ausräumen.
- Die Fronten sind bereits verhärtet? Dann bitten Sie eine Person Ihres Vertrauens (kann auch ein Mitglied des Betriebs- oder Personalrates sein), Ihnen zu helfen. Vielleicht ist mit einem Vermittler oder Schlichter noch etwas zu erreichen.
- Verharren Sie selbst nicht stur auf Ihrer Position. Selbst wenn Sie sich schuld- und fehlerlos fühlen, sollten Sie nicht auf einer Entschuldigung durch die Kollegen bestehen. Seien Sie großzügig – man wird Ihnen auch so entgegenkommen. Deswegen sind Sie kein

Schwächling – im Gegenteil: Mit einer großzügigen Geste haben Sie manchmal schon alles wieder gewonnen.

Es gibt viele Fälle, in denen man sich nicht mehr gütlich einigen kann. Sie sollten dann versuchen, sich innerhalb der Firma versetzen zu lassen.

- Lassen Sie sich nicht einschüchtern – selbst wenn das leichter gesagt als getan ist. Der Betriebs- oder Personalrat kann Ihnen vielleicht weiterhelfen.
- Beschreiben Sie dort genau und möglichst ohne Emotionen, wie Sie gemobbt werden. Auch hier ist es – wie bei sexueller Belästigung – von Vorteil, wenn Sie schriftlich belegen können, wann welche Kollegen Sie wie schikaniert haben.
- Dies ist vor allem dann der Fall, wenn Sie bereits »krank vor Ärger« sind. Lassen Sie sich vom Arzt bestätigen, daß Sie an psychosomatischen Beschwerden leiden, die auf die Situation am Arbeitsplatz zurückzuführen sind. Mittlerweile gibt es auch in vielen kleineren Städten Fachärzte für Arbeitsmedizin.
- Sie sollten für Schikanen – wenn möglich – ebenfalls Zeugen benennen können.
- Wenn Sie mit Ihrem Vorgesetzten gut stehen, sprechen Sie direkt mit ihm: Der Arbeitgeber hat eine Fürsorgepflicht und muß ernsten Beschwerden Ihrerseits nachgehen.
- Ist dies nicht möglich, oder ist Ihr Boß derjenige, der durch Mobbing versucht, Sie loszuwerden, so wird es als letzten Ausweg oft nur die Kündigung geben.
- Lassen Sie sich vorher vom Betriebs- oder Personalrat, von Ihrer Gewerkschaft oder von einem Anwalt gut beraten.
- Gerade wenn Sie das Gefühl haben, Ihr Chef sei am Mobbing aktiv beteiligt, müssen Sie sich in acht nehmen: Der kleinste Anlaß wird genügen, um Ihnen eine Abmahnung zu verpassen. Dagegen

können Sie zwar vorgehen (Näheres Kapitel 6). Trotzdem: Mehrere Abmahnungen führen oft zu einer Kündigung.

- Gerade Mobbing-Opfern wird oft eine »einvernehmliche Trennung« angeboten – also ein Aufhebungsvertrag. Darauf sollten Sie sich nur nach reiflicher Überlegung und eingehender Beratung durch den Betriebs- oder Personalrat, Gewerkschaft und Anwalt einlassen. Mit einem solchen Auflösungsvertrag verzichten Sie unter Umständen auf eine Menge Geld (siehe auch Kapitel 6).

Kapitel 9: Rückkehr in den Beruf

Ihren Arbeitsplatz geben viele Frauen aus Rücksicht auf die Familie auf: Heirat, Kindererziehung, Pflege von Angehörigen – das sind die häufigsten Gründe für den Ausstieg aus der Arbeitswelt. In vielen Fällen sollte dieser Ausstieg ursprünglich oft zeitlich begrenzt sein – vielleicht auf ein halbes »Babyjahr«. Doch dann kommt es doch anders als geplant. Und später?

Nach 15 oder mehr Jahren Hausfrauenarbeit – denn so lange dauert es, bis die Kinder »aus dem Gröbsten« heraus sind – haben Sie kaum mehr eine Chance auf dem Arbeitsmarkt. Gerade dann nicht, wenn in Ihrem Beruf viele rasante und technische Veränderungen stattgefunden haben und wenn Sie es versäumt haben, auf dem laufenden zu bleiben.

Sie haben Sekretärin gelernt? Sind eine ausgebildete Bürokauffrau? Trotz Ihrer vielleicht immensen menschlichen Erfahrung, trotz des Organisationstalents, das Sie als Hausfrau und Mutter entwickelt und geradezu perfektionieren, haben Sie gegenüber jungen Bewerberinnen (mindestens) einen Riesennachteil: Die technische Entwicklung ist in den meisten Fällen an Ihnen vorbeigegangen. Im Zeitalter der Computer muß sich heute selbst jede Aushilfskraft mit Computern auskennen, muß mit den wichtigsten Software-Programmen umgehen können.

Jedoch: Allein in den acht Jahren zwischen 1984 und 1992 stieg die Anzahl der Frauen, die nach einer kürzeren oder längeren Pause wieder in den Beruf zurückkehrten, um das Vierfache an: von 350 000 im Jahre 1984 auf über 1,4 Millionen in 1994.

Derzeit allerdings sieht es nicht allzu rosig aus. In Zeiten der Rezession und großer Arbeitslosigkeit haben Frauen und vor allem Wiedereinsteigerinnen noch weniger Chancen als sonst.

Insgesamt waren im Oktober 1994 im Westen 8,8 Prozent der Erwerbstätigen arbeitslos, in den neuen Bundesländern sogar 14,1 Prozent. Im Westen sind knapp die Hälfte, im Osten sind mehr als zwei Drittel der dort insgesamt gut einer Million Arbeitsuchenden Frauen.

Allein in den alten Bundesländern suchen rund 2,5 Millionen Frauen wieder eine Stellung in ihrem alten Beruf. Obwohl die meisten, nämlich 80 Prozent, eine abgeschlossene Ausbildung in Form einer Lehre haben, rechnen sie sich wenig Chancen aus, wirklich wieder einen Vollzeitjob finden zu können. Im Alter zwischen 30 und 40, in einer Zeitspanne also, in der nicht nur die Ausbildung noch nicht in Vergessenheit geraten ist, sondern auch Erfahrungen und Lebensweisheit für den Menschen wichtig geworden sind, haben sie trotzdem nur wenig Aussichten auf einen befriedigenden und gut bezahlten Arbeitsplatz. Immerhin 45 Prozent von den 2,5 Millionen arbeitswilligen »Aussteigerinnen« fällt in diese Altersgruppe.

Nur ein Prozent aus diesen 2,5 Millionen ist kinderlos, 42 Prozent haben ein, 36 Prozent zwei und 21 Prozent sogar drei oder mehr Kinder.

Gerade wenn die Kinder noch nicht gänzlich »aus dem Haus« sind, möchten viele Frauen Teilzeit arbeiten. Über die Schwierigkeiten und rechtlichen Probleme der Teilzeitarbeit haben Sie schon in Kapitel 5 gelesen. Dennoch bleibt Teilzeitarbeit gerade für Berufsrückkehrerinnen ein interessantes Angebot, sofern die Rahmenbedingungen wirklich stimmen. Auch Zeitarbeit kann für Sie eine gute Möglichkeit sein, wieder in den Beruf hineinzukommen. Bei Zeitarbeit werden Sie von Ihrem Arbeitgeber praktisch »ausgeliehen« als Urlaubs- oder Mutterschutzvertretung in einer Firma, die für diese Zeit niemanden mit einem befristeten Arbeitsvertrag einstellen will. Das muß noch nichts Schlechtes bedeuten, denn es gibt durchaus Frauen, die durch eine gute Arbeitsleistung überzeugen und später – nach einer Aushilfstätigkeit über die Zeitarbeitfirma – im selben Betrieb fest Fuß fassen, in dem sie vorher nur vorübergehend gejobbt haben. Vor allem Arbeitnehmerinnen im Büro oder in Arztpraxen sind bei Zeitarbeitfirmen gefragt.

Wiedereinstieg ist nicht einfach

Information ist das Wichtigste. Sie sollten sich gut auf den Wiedereinstieg vorbereiten – und sich gegen viele Vorurteile wehren können. Von Arbeitsämtern, Volkshochschulen und auch anderen kommunalen Stellen werden spezielle Kurse für Wiedereinsteigerinnen angeboten.

Das Arbeitsförderungsgesetz bietet ebenfalls gezielte Hilfen für den Wiedereinstieg; allerdings nur für solche Frauen, die relativ kurz – bis zu acht Jahren mit einem Kind, bis zu 13 Jahren mit zwei Kindern – aus dem Beruf ausgeschieden waren. Gefördert werden danach neben der beruflichen Fortbildung und Umschulung auch Motivations- und Informationskurse vor Beginn der eigentlichen Berufsförderung. Dort werden Sie nicht fachlich geschult, sondern psychologisch auf die Situation am Arbeitsplatz, auf etwaige Probleme und Schwierigkeiten vorbereitet. Das kann besonders wichtig für solche Frauen sein, die den Mut erst wiedergewinnen müssen, im Beruf »ihren Mann« zu stehen. In den Motivations- und Informationskursen bekommen Sie auch Hilfestellungen zu Ihrer Berufswahl; auf dem Arbeitsamt erfahren Sie, welche Umschulungen für Sie möglich sind, welche Qualifizierungen Sie erwerben können, um auf dem Stellenmarkt bessere Aussichten zu haben.

Es gibt außerdem Förderprogramme für Frauen, die in den Beruf zurückkehren möchten. Welcher Art diese Förderung in Ihrem Bundesland ist, erfahren Sie vom zuständigen Ministerium (die Adressen finden Sie in Kapitel 10).

Ein wichtiger Beitrag zur »Wiedereingliederung von Frauen in das Erwerbsleben« ist auch der Einarbeitungszuschuß, den zwar nicht Sie als Arbeitnehmerin, aber private Arbeitgeber erhalten, die bereit sind, Berufsrückkehrerinnen im Rahmen des Modellprogramms einzuarbeiten.

Das Bundesfrauenministerium hat außerdem umfangreiche Sonderprogramme aufgelegt. Mehrere Beratungsstellen wurden eingerichtet, die ausschließlich Frauen mit Informationen versorgen, die sich nach einer Familienphase wieder in den Beruf eingliedern lassen wollen. Die ganzheitliche Beratung ist jeweils kostenlos. Die Beratungsstellen arbeiten eng mit den örtlichen Arbeitsämtern und kommunalen Gleichstellungsstellen zusammen. Sie stellen Kontakte zu regionalen Trägern von Weiterbildungsmaßnahmen her, zu Wirtschaft und zu den Gewerkschaften, zu allen, die Frauen den Wiedereinstieg in den Beruf erleichtern könnten. Solche Beratungsstellen gibt es nicht nur in den alten, sondern seit 1991 auch in den neuen Bundesländern. Die Adressen erfahren Sie vom Bundesministerium für Frauen und Jugend (Adresse siehe Kapitel 10).

Fort- und Weiterbildung. In fast jedem Beruf kann man sich fort- und weiterbilden. Diese Möglichkeiten sollten Sie nicht ungenutzt verstreichen lassen. Auch als vielbeschäftigte Hausfrau und Mutter können Sie sich auf dem laufenden halten, was derzeit in Ihrem ehemaligen und vielleicht auch wieder zukünftigen Beruf »läuft«. Halten Sie Kontakt – auch wenn Ihnen das jetzt schwierig erscheint – mit Kollegen und Kolleginnen, mit der Arbeitswelt. Nur so geraten Sie nicht in die Gefahr, eines Tages wieder beim Nullpunkt anfangen zu müssen.

In so mancher Anzeige der Rubrik »Stellenangebote« findet man den Zusatz »Wiedereinsteigerin erwünscht«. Viele Arbeitgeber haben aus ihren guten Erfahrungen gelernt, die sie mit Berufsrückkehrerinnen gemacht haben; oft sind solche Frauen mit Lebenserfahrung und erworbenen Talenten ausgestattet, die eine jüngere Mitbewerberin oftmals (noch) nicht bieten kann.

Die ersten Wochen sind nicht leicht … … aber das ist überall so. Es ist sicher nicht einfach, aus dem vertrauten Familienhaushalt, in dem Sie die »Chefin« waren, zurück in den Beruf zu gehen.

- Bedenken Sie jedoch: Als »Neue« an einem Arbeitsplatz hat's jeder erst einmal schwer. Das geht jungen Frauen genauso wie Ihnen.

- Die ersten paar Wochen, vielleicht auch Monate sind besonders hart: Bisher konnten Sie sich Ihre Arbeit frei einteilen – jetzt müssen Sie sich an feste Arbeitszeiten und Arbeitsbedingungen halten.
- Sie müssen sich sowohl fachlich wie auch »gesellschaftlich« einarbeiten: indem Sie Ihren Platz in der Abteilung der Firma finden.
- Sie können – wie auch jede andere Neue im Betrieb – nicht gleich alle Spielregeln, alle Hierarchien, alle Arbeitsmethoden der Firma kennen. Bauen Sie hier auf die Mitarbeit und Kollegialität der anderen.
- Sie vergeben sich nichts, wenn Sie eingestehen, daß Ihnen manches fremd und ungewohnt ist. Um so eher wird man Ihnen zur Seite stehen – eher, als wenn Sie sich als Besserwisserin zeigen.
- Reagieren Sie nicht patzig und unwirsch, wenn Sie jemand auf Fehler hinweist. Fehler machen wir alle, das ist nicht schlimm. Denn aus Fehlern kann man lernen.
- Mit Freundlichkeit haben Sie schon eine ganze Menge gewonnen.
- Wenn Sie etwas stört, sollten Sie das deutlich, aber höflich ansprechen. Das wird Ihnen eher Respekt eintragen, als wenn Sie nach ein paar Monaten »motzen«.
- Lassen Sie sich von einer jüngeren Vorgesetzten nicht alles bieten, nehmen Sie nicht alles klaglos hin. Eine gute Chefin wird auf Ihre Erfahrungen als ältere Kollegin zurückgreifen, selbst wenn Sie Ihre Untergebene sind.
- Sie müssen nicht unterwürfig sein. Sie bringen Erfahrungen aus Ihrem Leben ein, die Ihrem Arbeitgeber von Nutzen sein können. Sie müssen sich nur entsprechend »verkaufen«.
- Auch Überstunden müssen nicht ständig sein – selbst wenn Sie sich als Neue in der Firma von Ihrer besten Seite zeigen wollen. Natürlich werden Sie nicht in der ersten Woche wegen einer halben Stunde meckern. Aber wenn's zum Regelfall wird, müssen Sie sich das als Wiedereinsteigerin genauso wenig gefallen lassen wie als

»normale« Arbeitnehmerin. Vor allem dann, wenn Sie »nebenher« noch Ihre Familie zu versorgen haben.

- Lassen Sie sich nicht entmutigen – selbst wenn die ersten Wochen, ja vielleicht sogar Monate schwierig werden. Sie haben's geschafft, Sie haben wieder einen Job.
- Selbst wenn Sie nur eine Teilzeitbeschäftigung oder einen befristeten Arbeitsvertrag haben: Damit haben Sie schon eine ganze Menge erreicht.
- Vielleicht probieren Sie es und machen sich selbständig: Immer mehr Frauen tun das – durchaus mit Erfolg. Es gibt sogar 60jährige Frauen, die nach der Rente einen eigenen Betrieb auf die Beine stellen. Im 6. Kapitel haben wir Ihnen dazu schon ein paar Tips gegeben. Im nächsten Kapitel finden Sie auch hierzu noch viele Anlaufadressen.

Kapitel 10: An wen können Sie sich wenden?

Ministerien des Bundes und der Länder mit den entsprechenden Frauenleitstellen

- Bundesministerium für Frauen und Jugend
Kennedyallee 105-107, 53175 Bonn, Tel. 0228/930-0
- Bundesministerium für Arbeit und Sozialordnung
Rochusstr. 1, 53123 Bonn, Tel. 0228/527-0
- Bundesministerium für Familien und Senioren
Godesberger Allee 140, 53175 Bonn, Tel. 0228/306-0
- Bundesministerium für Gesundheit
Deutschherrenstr. 87, 53177 Bonn, Tel. 0228/941-0
- Bundesministerium für Bildung und Wissenschaft
Heinemannstr. 2, 53175 Bonn, Tel. 0228/57-0

Baden-Württemberg:

- Ministerium für Arbeit, Gesundheit, Familie und Sozialordnung
Rotebühlplatz 30, 70173 Stuttgart, Tel. 0711/6673-0
- Ministerium für Familie, Frauen, Weiterbildung und Kunst
Hauptstätter Str. 67, 70178 Stuttgart, Tel. 0711/647-0

Bayern:

- Staatsministerium für Arbeit und Sozialordnung
Winzererstr. 9, 80797 München, Tel. 089/12610-0

Berlin:

- Senatsverwaltung für Arbeit und Frauen
In der Klosterstr. 47, 10179 Berlin, Tel. 030/2695-0

- Senatsverwaltung für Jugend und Familie
  Am Karlsbad 8–10, 10785 Berlin, Tel. 030/2604-0

Brandenburg:

- Ministerium für Arbeit, Soziales, Gesundheit und Frauen
  Heinrich-Mann-Allee 103, 14473 Potsdam, Tel. 0331/8691-0

Bremen:

- Senat für Arbeit und Frauen
  Contrescarpe 73, 28195 Bremen, Tel. 0421/397-0
- Bremische Zentralstelle für die Verwirklichung der Gleichberechtigung der Frau
  Knochenhauer Str. 20–25, 28195 Bremen, Tel. 0421/361-3133

Hamburg:

- Behörde für Arbeit, Gesundheit und Soziales
  Hamburger Str. 47, 22084 Hamburg, Tel. 040/29188-0
- Senatsamt für die Gleichstellung
  Alter Steinweg 4, 20459 Hamburg, Tel. 040/3504-3320

Hessen:

- Ministerium für Frauen, Arbeit und Sozialordnung
  Dostojewskistr. 4, 65187 Wiesbaden, Tel. 0611/817-0

Mecklenburg-Vorpommern:

- Ministerium für Arbeit, Gesundheit und Soziales
  Abteilung Frauenpolitik
  Werderstr. 124, 19048 Schwerin, Tel. 0385/588-0

Niedersachsen:

- Ministerium für Wirtschaft, Technologie und Verkehr
  Friedrichswall 1, 30159 Hannover, Tel. 0511/120-0
- Frauenministerium
  Schiffgraben 44, 30169 Hannover, Tel. 0511/120-0

Nordrhein-Westfalen:

- Ministerium für Arbeit, Gesundheit und Soziales
  Horionplatz 1, 40213 Düsseldorf, Tel. 0211/83703
- Ministerium für die Gleichstellung von Mann und Frau
  Breite Str. 27, 40213 Düsseldorf, Tel. 0211/83705

Rheinland-Pfalz:

- Ministerium für Arbeit, Soziales, Familie und Gesundheit
  Bauhofstr. 9, 55116 Mainz, Tel. 06131/16-0

- Ministerium für die Gleichstellung von Mann und Frau
Peter-Altmeier-Allee 1, 55116 Mainz, Tel. 06131/16-0

Saarland:

- Ministerium für Frauen, Arbeit, Gesundheit und Soziales
Franz-Josef-Röder-Str. 23, 66119 Saarbrücken, Tel. 0681/501-0

Sachsen:

- Staatsministerium für Wirtschaft, Arbeit und Verkehr
Budapester Str. 5, 01069 Dresden, Tel. 0351/48785
- Staatskanzlei der Sächsischen Landesregierung
Staatssekretariat für die Gleichstellung von Frau und Mann
Archivstr. 1, 01097 Dresden, Tel. 0351/564-0

Sachsen-Anhalt:

- Ministerium für Arbeit und Soziales
Wilhelm-Höpfner-Ring 4, 39116 Magdeburg, Tel. 0391/56701
- Staatskanzlei des Landes Sachsen-Anhalt
Leitstelle für Frauen- und Gleichberechtigungsfragen
Am Domplatz 1a, 39104 Magdeburg. Tel. 0391/382-0

Schleswig-Holstein:

- Ministerium für Arbeit und Soziales, Jugend, Gesundheit und Energie
Brunswiker Str. 16-22, 24105 Kiel, Tel. 0431/596-0
- Frauenministerium
Landeshaus, Düsternbrooker Weg 70, 24105 Kiel, Tel. 0431/596-0

Thüringen:

- Staatskanzlei des Landes Thüringen
Leitstelle für Frauenfragen
Johann-Sebastian-Str. 1, 99096 Erfurt, Tel. 0361/5976500

Landesfrauenräte:

- Landesfrauenrat Baden-Württemberg
Rotebühlstr. 133, 70197 Stuttgart, Tel. 0711/621135
- Bayerischer Landesfrauenausschuß
Winzererstr. 9, 80797 München, Tel. 089/12610-1365
- Landesfrauenrat Berlin
Dimitroffstr. 219, 10407 Berlin, Tel. 030/42103141
- Frauenpolitischer Rat Brandenburg
Lindenstr. 54, 14467 Potsdam, Tel. 0331/22383

- Bremer Frauenausschuß e. V.
Landesfrauenrat Bremen
Schwachhauser Heerstr. 62,
28209 Bremen, Tel. 0421/342202
- Landesfrauenrat Hamburg
Arbeitsgemeinschaft Hamburger Frauenorganisationen
Bebelallee 10, 22299 Hamburg,
Tel. 040/517360
- Landesfrauenrat Hessen
Faulbrunnenstr. 9, 65183 Wiesbaden, Tel. 0611/374555
- Landesfrauenrat Mecklenburg-Vorpommern
Vitus-Bering-Str. 20, 18106 Rostock, Tel. 0381/717972
- Landesfrauenrat Niedersachsen e. V.
Johannssenstr. 10, 30159 Hannover, Tel. 0511/321031
- Frauenrat Nordrhein-Westfalen e. V.
Julius-Doms-Str. 13, 51373 Leverkusen, Tel. 0214/63378
- Landesfrauenrat Rheinland-Pfalz
Bahnweg 33, 55129 Mainz, Tel. 06131/59498
- Frauenrat Saarland
Römerweg 8, 66802 Überherrn,
Tel. 0681/9543435
- Sächsisches Frauenforum
Naumannstr. 8, 01309 Dresden,
Tel. 0351/4410824
- Landesfrauenrat Sachsen-Anhalt e. V.
Halberstädter Str. 135, 39112 Magdeburg,
Tel. 0391/44581 oder 5616743
- Landesfrauenrat Schleswig-Holstein e. V.
Bergstr. 7, 24103 Kiel, Tel. 0431/552065
- Landesfrauenrat Thüringen
Esbachstr. 3, 99094 Erfurt, Tel. 03672/31157, App. 10

Bundesgerichte, Bundesbehörden:

- Bundesarbeitsgericht
Graf-Bernadotte-Platz 5, 34119 Kassel, Tel. 0561/3106-0
- Bundessozialgericht
Graf-Bernadotte-Platz 5, 34119 Kassel, Tel. 0561/3106-0
- Bundesversicherungsamt
Reichpietschufer 72-76, 10785 Berlin, Tel. 030/26999-0
- Bundesversicherungsanstalt für Angestellte (BfA)
Ruhrstr. 2, 10709 Berlin,
Tel. 030/865-1
- Bundesanstalt für Arbeit
Regensburger Str. 104, 90478 Nürnberg, Tel. 0911/179-0

- Bundesanstalt für Arbeitsmedizin Nöldnerstr. 40–42, 10317 Berlin, Tel. 030/5509901
- Bundesanstalt für Arbeitsschutz und Unfallforschung Vogelpothsweg 50–52, 44001 Dortmund, Tel. 0231/9071-0

Gewerkschaften:

- Deutscher Gewerkschaftsbund (DGB) Bundesvorstand – Abteilung Frauen Hans-Böckler-Str. 39, 40476 Düsseldorf, Tel. 0211/4301-0
- Deutsche Angestellten-Gewerkschaft Bundesverband – Hauptabteilung weibliche Angestellte Karl-Muck-Platz 1, 20355 Hamburg, Tel. 040/34915-0

Arbeitgeberverbände:

- Bundesvereinigung der Deutschen Arbeitgeberverbände Gustav-Heinemann-Ufer 72, 50941 Köln, Tel. 0221/3795-0
- Bundesverband Unternehmerfrauen im Handwerk e. V. c/o Landesgewerbeamt Baden-Württemberg Postfach 4169, 76026 Karlsruhe, Tel. 0721/135-4030

Berufsverbände:

- Baufachfrau e.V. Adlerstr. 81, 44137 Dortmund, Tel. 0231/143338
- Berufsverband der Arzt-, Zahnarzt- und Tierarzthelferinnen e. V. Bissenkamp 12-126, 441335 Dortmund, Tel. 0231/556959-0
- Berufsverband hauswirtschaftlicher Fach- und Führungskräfte e. V Römmelesweg 8, 71394 Kamen, Tel. 07151/43770
- Bund deutscher Sekretärinnen e.V. Zentnerstr. 44, 80796 München, Tel. 089/2716873
- Bundesverband der Meisterinnen der Hauswirtschaft e. V. Siebertstr. 5, 81675 München, Tel. 089/9828409
- Bundesverband Deutscher Kosmetikerinnen Liesegangstr. 10, 40211 Düsseldorf, Tel. 0211/365691
- Verband deutscher Unternehmerinnen e.V. Gustav-Heinemann-Ufer 94, 50968 Köln, Tel. 0221/375074

- Berufsverband der Frau im Mittelstand, im freien
Beruf und im Management
Ehrwalder Str. 85, 81377 München, Tel. 089/711658
- Deutscher Ärztinnenbund e.V.
Herbert-Lewin-Str. 1, 50931 Köln, Tel. 0221/4004540
- Deutscher Akademikerinnenbund e. V.
Weiltinger Str. 8, 90449 Nürnberg, Tel. 0911/673128
- Deutscher Beamtenbund – Bundesfrauenvertretung
Peter-Hensen-Str. 5–7, 53175 Bonn, Tel. 0228/881-0
- Deutscher Berufsverband der Sozialarbeiter und Sozialpädagogen
Schützenbahn 17, 45127 Essen, Tel. 0201/239666
- Deutscher Hausfrauenbund e. V. – Bundesverband der Hausfrau
Coburger Str. 19, 53113 Bonn, Tel. 0228/237718 u. 237799
- Deutscher Verband berufstätiger Frauen (DVBF)
Schornstr. 8, 81669 München, Tel. 089/4485746
- Deutscher Frauenrat
Simrockstr. 5, 53113 Bonn, Tel. 0228/223008
- Deutscher Ingenieurinnen Bund (dib)
Postfach 11 03 05, 64283 Darmstadt
- Deutscher Juristinnenbund e.V.
Sträßchensweg 28, 53113 Bonn, Tel. 0228/238613
- Deutscher Landfrauenverband e. V.
Godesberger Allee 142–148, 53175 Bonn, Tel. 0228/378051-2
- Deutscher Sekretärinnen-Verband e.V.
Nietzschestr. 89, 67063 Ludwigshafen, Tel. 0621/695965
- Deutscher Verband Berufstätiger Frauen e. V.
Schwarzwaldstr. 53, 60528 Frankfurt, Tel. 069/673589
- Deutscher Verband Technischer Assistenten in der Medizin e. V.
Spaldingstr. 110 B, 20097 Hamburg, Tel. 040/231436
- Frauen in Naturwissenschaft und Technik e. V. (NUT)
Hasenheide 54, 10967 Berlin, Tel. 030/6919722
- Fachgruppe »Frauenarbeit und Informatik« in der Gesellschaft für Informatik e. V.
Kreuznacher Str. 1, 14197 Berlin
- GEDOK Verband der Gemeinschaften der Künstlerinnen und Kunstfreunde e. V.
Einern 29, 42279 Wuppertal, Tel. 0202/524642

- Journalistinnenbund
Kirschallee 6, 53115 Bonn, Tel. 0228/262782
- Verband der weiblichen Arbeitnehmer e.V. VAW
Konstantinstr. 33, 53179 Bonn, Tel. 0228/358114
- Verband deutscher Tierarztfrauen und Tierärztinnen e. V. (VDTT)
Bismarckstr. 4, 26316 Varel, Tel. 04451/82795

Parteien und politische Verbände:

- Arbeitsgemeinschaft Berufstätiger Frauen in der Christlich-Demokratischen Arbeitnehmerschaft
Johannes-Albers-Allee 3, 53639 Königswinter, Tel. 02223/73-0
- Arbeitsgemeinschaft Sozialdemokratischer Frauen (ASF)
Erich-Ollenhauer-Haus, Ollenhauerstr.1, 53113 Bonn, Tel. 0228/532206
- Bundesvereinigung »Liberale Frauen e. V.«
Bundeshaus T 9, 53113 Bonn, Tel. 0228/167705
- Demokratischer Frauenbund e. V. (dfb)
Clara-Zetkin-Str. 16, 10117 Berlin, Tel. 030/6480498
- Deutscher Staatsbürgerinnen-Verband e. V.
Tempelhofer Damm 2, 12101 Berlin, Tel. 030/7858927
- Deutscher Verband Frau und Kultur e. V.
Briandstr. 2, 42781 Haan, Tel. 02129/4861
- Frauen-Union der Christlich-Demokratischen Union Deutschlands
Konrad-Adenauer-Haus, Friedrich-Ebert-Allee 73-75, 53113 Bonn
Tel. 0228/544314-5

Kirchliche Organisationen:

- Deutsche Frauenring e. V.
Überparteilicher und überkonfessioneller Verband
für staatsbürgerliche Bildung und Mitarbeit
Lessingstr. 9, 61231 Bad Nauheim, Tel. 06032/1714
- Berufsverband katholischer Arbeitnehmerinnen
in der Hauswirtschaft in Deutschland e. V.

Zwillingstr. 4, 80807 München, Tel. 089/3567594

- Bund katholischer Akademikerinnen e. V. (BkdA)
  Am Wichelshof 15, 53111 Bonn, Tel. 0228/650408
- Caritas-Gemeinschaft für Pflege- und Sozialberufe e. V.
  Maria-Theresia-Str. 10, 79102 Freiburg, Tel. 0761/708610
- Deutscher Evangelischer Frauenbund e. V.
  Bödekerstr. 59, 30161 Hannover, Tel. 0511/965680
- Evangelische Akademikerschaft in Deutschland e. V.
  Schwalbenstr. 21, 47506 Neukirchen-Vluyn
- Evangelische Frauenarbeit in Deutschland e. V.
  Emil-von-Behring-Str. 3, 60439 Frankfurt, Tel. 069/958012-0
- Evangelische Frauenhilfe in Deutschland e. V.
  Alte Landstr. 179, 40489 Düsseldorf, 0211/940800
- Frauenwerk der Evangelisch-methodistischen Kirche
  Hans-Bredow-Str. 32 a, 65189 Wiesbaden, Tel. 0611/721148
- Jüdischer Frauenbund in Deutschland
  Alteburger Str. 338, 50968 Köln, Tel. 0221/382850
- Katholische Arbeitsnehmer-Bewegung/Frauen Westdeutschlands (KAB/F)
  Bernhard-Letterhaus-Str. 26, 50670 Köln, Tel. 0221/7720538
- kfd Katholische Frauengemeinschaft Deutschlands Zentralverband e. V. – Berufstätige Frauen
  Prinz-Georg-Str. 44, 40421 Düsseldorf, Tel. 0211/449920
- Katholischer Berufsverband für Pflegeberufe e. V.
  Kaiserstr. 42, 55116 Mainz, Tel. 06131/232340
- Sozialdienst katholischer Frauen Zentrale e. V.
  Agnes-Neuhaus-Str. 5, 44135 Dortmund, Tel. 0231/528126-7
- Verband Katholischer Frauen in Wirtschaft und Verwaltung e. V.
  Lipizzanerstr. 8, 50735 Köln
- Verein katholischer deutscher Lehrerinnen e. V. (VkdL)
  Hedwig-Dransfeld-Platz 4, 45143 Essen, Tel. 0201/623029

Bei Mobbing:

- Mobbing-Telefon der AOK Hamburg, Tel. 040/2023-0209
- DAG Hamburg
  Holstenwall 5, 20355 Hamburg, Tel. 040/34915-510

- IAP Institut für Arbeitspsychologie und Arbeitspädagogik
  Dr. Martin Resch
  Freschenhausener Weg 35, 21220 Seevetal, Tel. 04105/85150
- Kirchlicher Dienst in der Arbeitswelt (KDA)
  Schillerstr. 7, 22767 Hamburg, Tel. 040/30623-200
- KDA Stade, Wulf Gräntzdörffer
  Dankersstr. 24, 21860 Stade, Tel. 04141/63068

Für alleinstehende Frauen:

- Verband alleinstehender Frauen e.V.
  Von-Luxburg-Str. 10, 97074 Würzburg, Tel. 0931/75290
- Verband alleinstehender Mütter und Väter e.V.
  Von-Groote-Platz 20, 53173 Bonn, Tel. 0228/352995

Fort- und Weiterbildung:

- Zentralstelle für Fernunterricht der Länder
  Peter-Welter-Platz 3, 50676 Köln, Tel. 0221/921207-0
- Bundesinstitut für Berufsbildung
  Fehrbellinger Platz 3, 10707 Berlin, Tel. 030/8643-0

Auskünfte erteilen natürlich auch die Einzelgewerkschaften im DGB sowie die Industrie- und Handelskammern und auch die Handwerkskammern.

Alle Adressen und Telefonnummern entsprechen dem Stand November 1994.

Anhang

Weiterführende Literatur:

- Joachim Weynand/ Bettina Behning: Arbeitsrecht für Frauen (Ratgeber Fischer)
- Thomas und Mariam Montasser: Ihre Rechte als Frau (mvg Verlag)
- Christina Tsolodimos: 100 Fragen zu Frauen & Beruf (Brigittebuch im Mosaik Verlag)
- Hesse/Schrader: Krieg im Büro (Eichborn Verlag)
- Martin Thau: Intrigen (Orbis Verlag)
- Michael Kittner: Arbeits- und Sozialordnung (Bund Verlag)
- Schriftenreihen der Bundesregierung:
  - Politik für Frauen (Presse- und Informationsamt der Bundesregierung)
  - Bildung – Wissenschaft – Aktuell (Bundesministerium für Bildung und Wissenschaft)
  - Soziale Sicherheit (Bundesministerium für Arbeit und Soziales)
  - Wegweiser durch die Arbeitswelt (Bundesministerium für Arbeit und Soziales)
- Schriftenreihen des DGB und der DAG
- Themenmappen des VAMV (Verein alleinerziehender Mütter und Väter):
  Themenmappe Nr. 6 – Sozialhilfe für Alleinerziehende
  Themenmappe Nr. 3 – Ledige Schwangere

Register